Nimm

Raik Johne

Nimm den Chor doch selber auf

Crashkurs für das Aufnehmen und Mischen von Chören

Impressum

Bibliografische Information der Deutschen Nationalbibliothek

Die Deutsche Nationalbibliothek verzeichnet diese Publikation
in der Deutschen Nationalbibliografie; detaillierte bibliografische
Daten sind im Internet über www.dnb.de abrufbar.

© 2016 Raik Johne
Herstellung und Verlag:
BoD - Books on Demand, Norderstedt
ISBN 978-3-7386-5481-3

Inhaltsverzeichnis

1. Zu diesem Buch

Hier ist nun also das erste in deutscher Sprache erhältliche Buch zum Thema Choraufnahme. Aber wie beginnt man am besten? Ich fange gleich mal kompliziert an, indem ich mehrere scheinbar einfache Fragen in die Runde werfe:

> ➤ Zu welchem Zweck werden Choraufnahmen angefertigt?

Jeder Chorsänger kennt das: Im Laufe der Zeit hat man so manchen Titel erarbeitet, den man vielleicht als ewige Konserve besitzen möchte. Der Solokünstler hat es gut - er kann sich seine Liedchen ständig selbst vorträllern. Der Chormusikant ist aber auf das Mitwirken seiner Gemeinschaft angewiesen. Ein einfacher **Live-Mitschnitt** oder auch **Aufnahmen aus dem Probenraum** sind zumindest schon mal etwas zum Mit-nach-Hause-Tragen. Das andere Ende der Fahnenstange wäre dann eine **vollwertige Produktion**, die im Normalfall nicht nur für die Chormitglieder, sondern vor allem für die Öffentlichkeit gedacht ist.

> ➤ Welche Qualität sollten Choraufnahmen haben?

Was für eine Frage! Natürlich die beste, die möglich ist. Aber was ist letztlich möglich? Bei einer Studioproduktion sicher mehr als bei einem Live-Mitschnitt. Bei guter Technik natürlich auch mehr als mit einem Wald-und-Wiesen-Rekorder. Und bei Leuten mit entsprechendem Hintergrundwissen sicher auch mehr im Vergleich zu Leuten, die nur den Aufnahme-Button am Smartphone kennen.

> ➤ Wer sollte die Aufnahmen anfertigen?

Professionelle Aufnahmen fertigen Profis an, wie die Bezeichnung ja vermuten lässt. Einfachere Sachen liegen eher im Amateurbereich. Aber gibt es da nichts dazwischen??? Damit sind wir genau an dem Punkt, an dem das vorliegende Buch ansetzt. Ich werde mit den nachfolgenden Seiten aus dir mit

Sicherheit keinen Tonmeister machen können. Darum geht es ja auch nicht. Es geht vielmehr darum, dass wir uns speziell den Teilbereich der Choraufnahme aus dem großen Gebiet der Tontechnik herausgreifen und versuchen, dich für vernünftige Aufnahmen fit zu machen.

> ➢ Welche technischen Erfahrungen bringst du als Leser mit?

Die nächste schwierige Frage - zumindest dieses Mal für mich, denn woher soll ich wissen, wie gut du dich in der Materie schon auskennst. Damit wird das Buch für mich ein wenig zur Gratwanderung. Einerseits gibt es den Total-Neueinsteiger, der noch alle Grundlagen erlernen muss. Auf der anderen Seite ist da vielleicht auch ein alter Studiohase, der halt nur noch nie Chöre aufgenommen hat, aber ansonsten seine Technik im Schlaf beherrscht. Die Schwierigkeit für mich wird also einerseits darin bestehen, verschiedene Aufnahmesituationen von einfach bis anspruchsvoll darzustellen und andererseits dabei die Spannweite der Leserschaft mit keiner bis hin zu viel Vorerfahrung abzudecken. Damit dies funktioniert, werde ich also vor allem bei den theoretischen tontechnischen Erläuterungen wirklich bei den Basics ansetzen. Wenn du zu den Lesern gehörst, die weite Teile davon bereits kennen und lediglich auf dem Gebiet der Choraufnahme neu sind, kann ich dich nur um Verständnis bitten. Ob du nun diverse Abschnitte dann überspringst, überfliegst oder vielleicht zur Wissensauffrischung nutzt, sei dir überlassen.

In Bezug auf das Verständnis des Buchtitels sind mir zwei Dinge wichtig:

> ➢ Mit Chor ist im Wortsinne natürlich erst einmal das gemeint, was man vermutlich landläufig auch unter einem Chor versteht. Das reicht von kleinen Vokalensembles ab zwölf Mitgliedern bis hin zu „Massenchören", die gern auch mal an die 100 Darbietende aufweisen. Der dabei gesungene Stil ist für uns im Moment unerheblich.
> ➢ Damit keine Missverständnisse aufkommen, muss ich betonen, dass wir entsprechend des Buchtitels

ausdrücklich die Chor<u>aufnahme</u> besprechen. Es geht nicht um die Live-Übertragung per Tonanlage. Einiges ist dabei sicher ähnlich, vieles aber auch anders!

Wie ist dieses Lesewerk nun entstanden? Nun - in den letzten Jahren habe ich mich auf Literatur für den Neueinsteiger spezialisiert, da solche Bücher auf dem Markt doch sehr rar sind. Neben der Vermittlung der Grundlagen wird immer auch an Beispielen gearbeitet und damit sowohl Theorie als auch Praxis an den Neuling herangebracht. Entstanden sind unter anderem zwei Bücher, die sich mit dem Einstieg in den Bereich Tonstudio beschäftigen. Ein paar angepasste Auszüge aus diesen beiden Büchern wirst du hier in einigen Kapiteln wiederfinden, natürlich versehen mit zahlreichen Erweiterungen und Ergänzungen, die auf das spezielle Gebiet Chor abgestimmt sind. Wenn du weiteren Lesebedarf haben solltest, verweise ich schon jetzt auf das *Kapitel 21,* wo du Hinweise zu meinen und zu anderen Büchern findest.

Was meinen Bezug zum Gebiet der Choraufnahme betrifft, so bin ich einerseits seit meinem fünften Lebensjahr Chorsänger und wirke derzeit in einem renommierten Kammerchor mit. Andererseits habe ich auch selbst einen kleinen Chor. Und nicht zuletzt beschäftige ich mich seit fast 25 Jahren mit mehreren Gebieten der Tontechnik und habe in diesem Zusammenhang auch schon so manches Stückchen Musik aufgenommen und bearbeitet. Ich kenne somit alle Positionen des Dreigestirns aus Chor, Chorleiter und Produzent. Aus dieser Sichtweise heraus werde ich in den nächsten drei Kapiteln versuchen, die wichtigsten Faktoren der Choraufnahme zu klären, die zunächst einmal noch gar nichts mit Technik zu tun haben. Danach folgen einige Kapitel, welche dein technisches Verständnis auf das benötigte Level bringen sollen, um eine Choraufnahme durchführen zu können. Schließlich geht es dann in einigen weiteren Kapiteln um das große Gebiet der Nachbearbeitung und Aufbereitung der Aufnahmen. Vor allem dort sollen zahlreiche Praxistipps geliefert werden, die dir beim ersten Umgang mit diversen Geräten oder deren Software-Simulation helfen.

An diesem Symbol und dem Kursivtext sind die Praxisteile erkennbar. In ihnen wird versucht, möglichst einfache Anwendungen oder einfach nur praktische Tipps anzubieten, die auch der Neuling leicht nachstellen kann. Aber Achtung: Nicht jedes Gerät und jede Software kann alles. Deshalb kann es bei speziellen Dingen schon mal vorkommen, dass du bei der einen oder anderen „Übung" kapitulieren musst.

Auf meiner Homepage www.andy-j.de findest du auf der Unterseite zu diesem Buch drei Hörbeispiele, die mit unterschiedlicher Ausstattung, in verschiedenen Situationen und mit jeweils anderen Verfahren aufgenommen wurden. In den Kapiteln, wo das Ganze relevant wird, werde ich nochmals darauf hinweisen.

Wie schon angedeutet wurde, verbergen sich hinter der im Buchtitel genannten „Aufnahme" im Grunde zwei getrennte Arbeitsgebiete, nämlich die eigentliche Aufnahme und die Nachbearbeitung. Theoretisch können beide Prozesse in unterschiedlicher Verantwortung liegen. Wenn du dich also mit der Bearbeitung überfordert fühlst, kannst du auch nur die Aufnahme durchführen und das Rohmaterial dann abgeben. Oder anders herum hast du vielleicht das Feeling für die Feinarbeit im Bearbeitungsprozess, traust dich aber an die nicht ganz einfache Mikrofonierung nicht heran.

Wie auch immer - ich hoffe natürlich, dich für beide Gebiete kompetent zu machen. Und wenn du nach dem Durcharbeiten der vorliegenden Lektüre selbst auch dieses Gefühl hast, na dann NIMM DEN CHOR DOCH SELBER AUF.

2. Personalfragen

Auf dem Buchcover steht, dass sich das Buch an alle richtet, die sich trauen, eigene Choraufnahmen zu erstellen. Für Phase zwei - also die Nachbearbeitung - kann man das auch pauschal so stehen lassen. Bei der davor liegenden Aufnahme selbst besteht aber ein Unterschied darin, ob du Chorsänger, Chorleiter oder außenstehende Aufnahmeperson bist. Vor allem hängt es von der Aufnahmesituation ab, ob für dich eine qualitativ gute Aufnahme machbar ist:

Aufnahme-situation	du bist eine außen-stehende Person	du bist der Chorleiter	du bist ein Chorsänger und singst mit	du bist ein Chorsänger und singst nicht mit
einfacher Live-Mitschnitt	(✓)	✓	✓	✓
Live-Mitschnitt für Veröffentlichung	✓	O	O	✓
einfacher Probenraum-Mitschnitt	(✓)	O	O	✓
richtige Produktion	✓	✗	✗	✓
richtige Produktion (kleiner Chor)	✓	✗	✗	✗

✓ das sollte funktionieren
O als Kompromiss sicher machbar
✗ kannst du im Grunde vergessen

2. Personalfragen

Liest du das Buch als jemand, der sich über Choraufnahmen informieren möchte, ohne dass es um Aufnahmen eines eigenen Chores geht, dann hast du am wenigsten Probleme. Als außenstehende Person kannst du dich voll auf die Aufnahme konzentrieren, wobei du für einfachere Mitschnitte sicher nicht unbedingt angeheuert wirst.

Wenn du der Chorleiter bist, dann wirst du wohl auch in dieser Funktion gebraucht werden. Damit sind richtige Produktionen, in der du auch Produzent wärest, eigentlich ausgeschlossen. Dagegen bei einfachen Mitschnitten im Probenraum musst du lediglich deine Aufmerksamkeit auf den Chor und die Technik aufteilen, aber das kann durchaus gelingen. Live-Mitschnitte mit einfachen Mitteln sind problemlos, während richtig gute Live-Produktionen eigentlich der technischen Überwachung bedürfen. Hier kannst du dich nur darauf verlassen, dass die Anfangseinstellungen für das ganze Konzert funktionieren. Für manche Chöre (beispielsweise aus dem Gospel-Bereich) wird auf klassisches Dirigat verzichtet. Damit eröffnen sich dem Chorleiter natürlich die gleichen Möglichkeiten wie der außenstehenden Person.

Bist du selbst Sänger in dem aufzunehmenden Chor, dann musst du dich entscheiden, ob du bei den Aufnahmen selbst mitsingst. Tust du dies, dann sind die Möglichkeiten die gleichen wie beim aufnehmenden Chorleiter. Singst du dagegen nicht mit, wirst du quasi zur außenstehenden Person in Bezug auf die Produktion und kannst ebenso alle Aufnahmesituationen bewältigen. Ausnahme wäre hier eine sehr kleine Chorbesetzung, in der das Fehlen deiner Stimme auffallen würde.

2.1. Die technische Seite

Damit sind wir quasi schon bei der Zuständigkeit für die technische Seite der Aufnahme. Wenn also für dich die oben angegebenen Bedingungen dafür erfüllt sind, dass du die Produktion durchführen kannst, dann geht es als nächstes um die technischen Kompetenzen. Einerseits soll das Wichtigste im Rahmen dieses Buches geklärt werden. Aber letztlich ist das ja eine Art

Trockenschwimmen. Wenn dich das Ganze so weit bringt, dass du problemlos mit der Technik umgehen kannst, würde mich das natürlich freuen. Aber du solltest auch ehrlich zu dir selbst sein und dir eingestehen, wenn du bei deiner ersten echten Aufnahme Hilfe brauchst. Es ist sehr ärgerlich, in der Nachbearbeitungs-phase festzustellen, dass die Mikros nicht optimal aufgestellt waren oder falsche Einstellungen gewählt wurden. Erkläre das dann mal einem ganzen Chor! Da das benötigte Equipment nicht selten ausgeliehen wird, bietet sich dort auch die Chance, dir personelle Hilfe zu holen. Manchmal reicht es schon, wenn dir von einem Fachmann die Gerätschaften kurz erklärt werden. Die Theorie aus diesem Buch solltest du natürlich schon verinnerlicht haben, aber ein echtes Mischpult vor der Nase und unter den Fingern wirft bei dir vielleicht doch einige Detailfragen auf, die am besten am jeweiligen Gerät geklärt werden können.

Solltest du bei deinen ersten Gehversuchen größere Probleme haben oder ist da vielleicht auch eine Portion Aufregung mit dabei, dann kannst du dir natürlich auch helfen lassen. Frage doch deinen Händler des Vertrauens, bei dem du das Equipment vielleicht gekauft oder ausgeliehen hast, ob er nicht mal eine Stunde Zeit hat, um dir bei der Verkabelung oder der Geräte-Einrichtung zu helfen. Manchmal ist das auch mit einem Obolus in die Kaffeekasse abgegolten.

In der Nachbearbeitungsphase sollten die technischen Probleme eigentlich geringer sein, da du dort nicht unter dem Druck stehst, von jetzt auf gleich die richtige Entscheidung zu treffen. Du kannst in Ruhe probieren und in den meisten Fällen auch gemachte Fehler rückgängig machen.

2.2. Die musikalische Seite

Ja, auch darum müssen wir uns kümmern. Einerseits kann sicher der Chorleiter (falls du das nicht selbst bist) in gewissem Maße einschätzen, ob die Aufnahme musikalisch in Ordnung ist. Manchmal ist aber auch eine Fremdmeinung nicht schlecht, da selbst ein guter Chorleiter sich im Laufe der Zeit an gewisse Defizite oder Macken des Chores gewöhnt und sich den Chor schön hört. Bist du der außenstehende Produzent, der noch nie Chor aufgenommen hat und selbst auch keine Chorerfahrung hat, so solltest du dir auf jeden Fall einen Co-Produzenten daneben setzen, der sich in Sachen Chor auskennt.

Was muss nun eigentlich alles beurteilt werden?

> saubere Intonation - sowohl im Gesamtklang der Stimmen als auch in Bezug auf das Halten der entsprechenden Tonart
> „musikalische Atmung", also das inhaltlich sinnvolle Durchsingen bzw. Absetzen
> synchrone Einsätze und Abschlüsse
> Gestaltung in Bezug auf Tempo, Dynamik und Singeweise
> deutliche und dialektfreie Aussprache

Sei bei deinen Einschätzungen einfach ehrlich und bestimmt. Es ist letztlich konstruktive Kritik, die ein Chorsänger auch verträgt. Es bringt die Aufnahmen nicht weiter, wenn nur um denn heißen Brei geredet wird. Allerdings solltest du abwertende Kommentare unterlassen, denn diese sind vielleicht auch beleidigend und bremsen die Motivation [s.u.].

2.3. Die psychologische Seite

Wenn du dich fragst, was dieses Thema in der Tontechnik zu suchen hat, dann schaue dir mal die nachfolgenden drei Erklärungen an:

> Viele Köche verderben den Brei. Das trifft auch ein wenig auf Gruppenaufnahmen zu. Je mehr Leute wir gleichzeitig akustisch verewigen wollen, desto mehr Fehlerquellen haben wir vorm Mikro stehen. Wenn wir es realistisch betrachten, hat auch ein Solosänger während seiner Aufnahmesession Höhen und Tiefen und die Formkurve neigt sich nach einigen Stunden sicher nach unten. Nun ist es bei vielen Leuten unwahrscheinlich, dass zufällig alle zur

gleichen Zeit ihre Hochform erlangen. Wahrscheinlicher ist dagegen, dass immer einige dabei sind, die gerade an Konzentrationsmangel leiden. Damit ist es also schwierig, eine perfekte Aufnahme zu landen. Dazu kommt noch, dass auch die Form des Gesamtchores nicht jeden Tag gleich ist. Das kann Frust auf allen Seiten bedeuten, der aber für gute Aufnahmen absolut vermieden werden sollte! Also: Motivieren und genügend Pausen machen.

➢ Eine zweite wichtige Sache, die beachtet werden sollte, ist die Nervosität und der Stress, unter dem die Chormitglieder bei einer Aufnahme stehen. Es ist einfach eine andere Situation als eine Probe oder ein Auftritt. Dazu kommt noch, dass oft über Stunden aufgenommen wird - viel länger also als ein normaler Auftritt dauert. Auch hier heißt es: Motivieren und genügend Pausen machen.

➢ Der dritte Punkt ist der wohl schwierigste. Im Laufe des Aufnahmeprozesses der einzelnen Titel kommt man an den Punkt, wo einfach keine künstlerische Steigerung mehr möglich ist. Das heißt, du bist an der Leistungsgrenze des Chores angelangt. Wenn das Ergebnis vernünftig klingt, ist alles in Ordnung. Aber wenn bei einem Laienchor auch im 20. Anlauf keine Profiqualität herauskommt, musst du die Ehrlichkeit besitzen, dies den Leuten auf feinfühlige Art mitzuteilen.

3. Räumlichkeiten

Eine wichtige Komponente für eine gelungene Aufnahme ist die Akustik des Raumes, in welchem produziert wird. Während man beim Sologesang oder bei Aufnahmen einzelner Instrumente den Raumanteil dadurch reduzieren kann, dass der Abstand zum Mikro nicht zu groß wird, haben wir bei Choraufnahmen diese Möglichkeit nicht oder nur begrenzt, so dass ein gewisser Raumanteil immer auch auf der Aufnahme landen wird. Also muss dieser Raum entsprechende Kriterien erfüllen, damit das Endergebnis auch passt. In die Entscheidung darüber fließt im Normalfall der geplante Verwendungszweck der Aufnahmen mit ein:

Aufnahmezweck	Probenraum	Konzertsaal	Kirche	Tonstudio
eigenes Archiv	✓	✓	✓	✓
Internet (Webseite, YouTube)	✓	✓	○	✓
Tonträger	○	○	○	✓

✓ problemlos
○ nur bei entsprechender Akustik geeignet

[siehe Hörbeispiele auf www.andy-j.de: größere Schul-Aula/ mittlere Kirche/ Probenraum]

3.1. Aufnahmen aus dem Probenraum

Aufnahmen aus dem eigenen Probenraum haben zwei entscheidende Vorteile:

➤ man muss diesen Raum nicht erst suchen
➤ der Chor ist den Raum von seinen akustischen Verhältnissen her gewöhnt

Je nach Probenraum sind durchaus gute Aufnahmen machbar. Ob das am Ende für eine Tonträger-Produktion reicht, hängt natürlich sehr von der Akustik dieses Raumes ab. Achte vor allem auf folgende Dinge und ändere sie bei Bedarf:

➤ Es sollte ein wenig Hall bzw. natürlicher Raumklang da sein. Bei vielen Vorhängen, Teppichen und Polstermöbeln wird der Hall zu sehr geschluckt.
➤ Mehrere glatte Wände lassen sogenannte Flatterechos entstehen (kennt man auch vom Renovieren eines leeren Raumes).

Die Aufstellung des Chores sollte **schallsymmetrisch** erfolgen. Das bedeutet, dass vor allem der seitliche Raum und dessen Begrenzung auf beiden Chorseiten akustisch gleich sein sollte. Ungünstig ist beispielsweise eine glatte Wand 3 Meter neben der einen Chorseite und ein Vorhang direkt neben der anderen Seite. Passe die Choraufstellung entsprechend an. Der Chor muss ja schließlich nicht so im Raum positioniert sein wie bei den Proben.

3.2. Live-Mitschnitt

Ein Live-Mitschnitt ist einerseits für den Chor eine Möglichkeit, relativ unangestrengt zu einer entsprechenden Aufnahme zu kommen, da sie ja quasi nebenbei entsteht. Andererseits ist die Qualität meist nicht unbedingt das, was man als hochwertig bezeichnen würde. (Ich lasse an dieser Stelle mal völlig außen vor, dass auch die Gesangsqualität vielleicht nicht durchgängig dem angepeilten Niveau entspricht. Schließlich macht man für richtige Produktionen nicht umsonst 20 und mehr Durchläufe.)

Als Andenken an den Auftritt oder für das choreigene Archiv sind Mitschnitte sicher in Ordnung - unabhängig von der Aufnahmeumgebung. Sollen die Aufnahmen aber auch für die Öffentlichkeit verwendet werden, muss man schauen, ob der Grundklang stimmt. Im Konzertsaal ist das wahrscheinlich problemloser als in einer Kirche, wo besonders bei größeren Bauten der Hall ein Problem werden kann.

Für eine Veröffentlichung auf vermarktungsfähigen Tonträgern würde ich dir von Live-Mitschnitten abraten. Natürlich gibt es diese, aber wir bewegen uns im Rahmen des Buches im Einsteiger-Bereich. Und Profis haben neben mehr Erfahrung auch andere technische Möglichkeiten (beispielsweise eine Mikrofonierung von der Decke herab, um das Chorbild beim Auftritt nicht zu stören).

3.3. Raumakustik bei hochwertigen Produktionen

Ich gehe davon aus, dass du das Buch hauptsächlich gekauft hast, um eben „richtige" Aufnahmen mit dem Chor anzustellen. Die Räumlichkeiten dafür können ganz unterschiedlich aussehen. So mancher Probenraum bietet eine sehr gute Akustik oder er lässt sich mit wenigen Mitteln so herrichten *[siehe Kapitel 3.1.]*. Aber auch Veranstaltungsräume, eine Schul-Aula oder ein nicht zu großer Konzertsaal leisten für Tonaufnahmen gute Dienste. Es muss also nicht gleich ein Tonstudio sein. Bei Kirchen rate ich zu solchen mit möglichst nicht zu starkem Hall, es sei denn, du willst den Raumanteil separat mit aufzeichnen und beim Abmischen verwenden *[siehe Kapitel 5.7.]*. Aber selbst dann muss es sicher nicht gleich eine Kirche mit den Ausmaßen eines Domes sein. (Nähere Betrachtungen zum Phänomen „Hall" werden uns im *Kapitel 19.1.* noch beschäftigen.)

Wenn die Gelegenheit besteht, solltest du den Chor im geplanten Aufnahmeraum schon einmal singen gehört haben, um die Klangqualität des Raumes ein wenig einschätzen zu können. Ganz nebenbei ist es natürlich auch von Vorteil, wenn sich alle - also Chor, Chorleiter und Produzent - im jeweiligen Raum ein wenig wohlfühlen.

3.4. Störfaktoren

Abgesehen vom Tonstudio hast du es bei allen anderen Aufnahmenlokalitäten mit Räumen zu tun, die weder vom Zweck her noch von ihrer räumlichen Lage bewusst für Tonaufnahmen gebaut wurden. Damit ergeben sich für das Unterfangen einer Tonproduktion häufig akustische Störfaktoren, die einem vielleicht noch nicht einmal bewusst auffallen ... bis zu dem Zeitpunkt eben, wo sie sich als penetrantes Hindernis für deine Aufnahmen entpuppen. Das geht schon damit los, dass Fenster, Türen und Wände halt nicht schallisoliert sind und diverse **Nebengeräusche von außen** durchlassen. Beispiele der schlimmsten Außengeräusche gefällig?

> ➤ allgemeiner Verkehrslärm
> ➤ ratternde Straßenbahn/ S-Bahn und Züge allgemein
> ➤ Spielplatz oder Kindergarten von nebenan
> ➤ Lärm von nahegelegenen Industriegebieten
> ➤ Baustellen

Die Aufzählung ließe sich fortsetzen, aber ich glaube, du hast verstanden, worauf bei der Wahl des Raumes bereits geachtet werden muss. Hinzu kommen die **Störfaktoren aus dem Innenbereich**, die manchmal nicht zu beheben sind:

> ➤ ständig knarrender Fußboden (Chorleute stehen nun mal beim Singen nicht wie versteinert)
> ➤ hereinscheinende Sonne lässt Parkett, Blumentöpfe oder andere Gegenstände knacken
> ➤ rauschende Heizung
> ➤ Klima- und Lüftungsanlagen - die haben gleich alles drauf, zum Beispiel brummen, rauschen, gluckern, pfeifen
> ➤ brummende Neonröhren
> ➤ brummende Licht-Dimmer

Darüber hinaus gibt es natürlich auch Störfaktoren, die von den anwesenden Personen selbst ausgelöst werden. Darauf wird im *Kapitel 13.1.* noch näher eingegangen.

4. Chor-Aufstellungen

Wer sich noch nicht weiter mit Choraufnahmen beschäftigt hat, ist häufig darüber verwundert, dass der Aufstellung des Chores eine sehr große Bedeutung beigemessen wird. Ich hoffe, dass du nach dem Lesen dieses Kapitels einen größeren Einblick in diese Materie hast und den ungläubigen Blicken des Chores trotzt.

Zunächst einmal solltest du den **Chor als eine Einheit sehen** und wie ein einzelnes Instrument behandeln. Demzufolge werden die meisten Chöre heutzutage mit einem Stereo-Mikrofon-Paar aus gewisser Distanz aufgenommen. (Dass dies meist nicht ausreicht, wird im *Kapitel 5.6.* noch geklärt werden.) Im Gegensatz zur Proben- und Auftrittssituation ist bei Tonaufnahmen eine etwas andere Aufstellung notwendig. Um Laufzeit- und Lautstärkeunterschiede des Signals zu vermeiden, müssen alle Sänger der vorderen Reihe den gleichen Abstand zum Mikro haben (Abbildung Abstand A). Daraus ergibt sich automatisch eine **Halbkreisform**, welche **ohne Lücken** zwischen den Stimmregistern gebildet werden sollte.

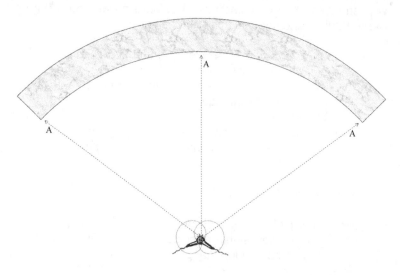

Bei der **Verteilung der Register** scheiden sich die Geister. Schon auf der Live-Bühne gibt es zu verschiedenen Aufstellungen Befürworter und Gegner. Für die Aufnahme sind allerdings zum Teil andere Faktoren als auf der Bühne relevant. Da der Chorleiter eher den künstlerischen Aspekt sieht und der Produzent hauptsächlich den technischen, sollte eine Entscheidung über die Choraufstellung im Vorfeld gemeinsam getroffen werden (falls du nicht gerade ein aufnehmender Chorleiter bist und dann mit dir selbst verhandeln musst). Für eine bessere Entscheidungsfindung werden in den nächsten Unterkapiteln die Vor- und Nachteile einiger Varianten aufgezeigt. In den Kapitelüberschriften und den Grafiken orientiere ich mich dabei an einer typischen gemischten Chorbesetzung mit Sopran, Alt, Tenor und Bass. Jeweils direkt nach der Überschrift sind andere Besetzungen als Kürzel angegeben, die sich so entschlüsseln lassen:

➤ S1-S2-A1-A2 - vierstimmiger Frauen-/ Mädchen-/ Knaben-/ Kinderchor
➤ T1-T2-B1-B2 - vierstimmiger Männerchor
➤ S-A-M - dreistimmiger gemischter Chor ohne Unterteilung der Männerstimme
➤ S1-S2-A - dreistimmiger Frauen-/ Mädchen-/ Knaben-/ Kinderchor
➤ T1-T2-B - dreistimmiger Männerchor

Falls dein aufzunehmender Chor eine noch andere Zusammensetzung hat, kannst du aus den angegebenen Beispielen sicher schlussfolgern, wie die Aufstellung dann aussehen müsste.

[siehe Hörbeispiele auf www.andy-j.de: S-T-B-A/ 2x S-A-T-B]

4.1. Komplett gemischte Aufstellung

Es wird bei Chorauftritten manchmal praktiziert, die Chormitglieder komplett zu mischen, was allerdings für die Aufnahmesituation eher unpraktisch ist.

Pro: Es ergibt sich ein kompaktes Klangbild, welches bei Chören ab circa 20 Mitgliedern auch recht homogen klingt. Wir haben es also mit einer akustisch sehr ausgewogenen Variante zu tun.

Kontra: Für viele Chöre stellt die komplette Mischung eine ungewohnte Situation dar und kann damit auch zur Verunsicherung führen. Das resultierende Klangbild macht die Ortbarkeit der Register unmöglich, was insbesondere bei polyphoner Chorliteratur ungünstig ist. Von der technischen Seite her muss zusätzlich gesagt werden, dass nachträgliche Korrekturen der Mischungsverhältnisse der einzelnen Register nicht möglich sind.

4.2. S-A-T-B

- ➢ S1-S2-A1-A2
- ➢ T1-T2-B1-B2
- ➢ S-A-M
- ➢ S1-S2-A
- ➢ T1-T2-B

Hier haben wir es mit der sogenannten „klassischen" Aufstellung von hoch nach tief zu tun.

Pro: Diese Aufstellung ist für viele Chöre eine gewohnte Situation, da häufig auch so geprobt wird. Es ist die typische Aufstellung für polyphone Chorliteratur. Die Register sind gut zu orten und können in der Nachbearbeitung bei separater Mikrofonierung durch Stützmikrofone entsprechend ausgepegelt werden *[siehe Kapitel 5.6.]*. Der Gesamtklang wirkt relativ homogen.

Kontra: Das Gesamtklangbild ist akustisch ungünstig, da die Höhen von links bis zur Mitte und die Tiefen von der Mitte bis nach rechts zu hören sind. Da die Höhen stärker wahrgenommen werden, hat man bei technisch gleicher Lautstärke den Eindruck, dass der linke Kanal lauter ist. Das verstärkt noch den Umstand, dass bei vielen gemischten Chören sowieso schon mehr Frauen- als Männerstimmen vorhanden sind.

4.3. S-A / T-B

> S1-S2 / A1-A2
> T1-T2 / B1-B2
> für dreistimmige Chöre nicht empfohlen

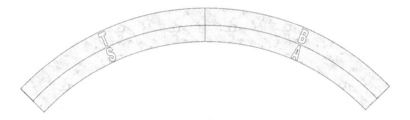

Eine ganze Reihe von Chören arbeitet mit einer Aufstellung, bei der vorn die hohen und dahinter die tiefen Stimmen stehen.

Pro: Für Chöre, die auch sonst so arbeiten, ist diese Aufstellung eine gewohnte Situation. Das Klangbild wirkt relativ geschlossen. Auch die Ortbarkeit der Register ist weitestgehend gegeben.

Kontra: Durch die hintereinander stehenden Register wird die Mikrofonierung mit Stützmikros etwas schwieriger *[siehe Kapitel 5.6.]*. Wird nur mit frontalen Stützen gearbeitet, sind einzelne Register im Mischprozess schwer bis gar nicht zu trennen. Es kommt dazu, dass die hohen Stimmen lauter wirken (wenn auch bei dieser Aufstellung über die ganze Breite). Chöre, die noch nie so gearbeitet haben, brauchen eine gewisse Eingewöhnungszeit, da sowohl die akustischen Verhältnisse anders sind als auch die Reaktion auf registerbezogenes Dirigat.

4.4. S-T-B-A

- ➢ S1-A1-A2-S2
- ➢ T1-B1-B2-T2
- ➢ S-M-A
- ➢ S1-A-S2
- ➢ T1-B-T2

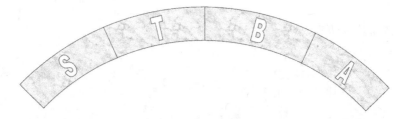

Diese Aufstellung ähnelt der klassischen. Der entscheidende Unterschied ist, dass außen die hohen Stimmen stehen und die tiefen in der Mitte.

Pro: Die Register sind gut zu orten und können in der Nachbearbeitung bei separater Mikrofonierung durch Stützmikrofone entsprechend ausgepegelt werden *[siehe Kapitel 5.6.]*. Der Gesamtklang wirkt relativ homogen. Insgesamt ist diese Anordnung akustisch logisch, da die Höhen von beiden Seiten und die Tiefen aus der Mitte kommen, was aus Sichtweite der Psychoakustik als ausgewogen angesehen wird.

Kontra: Einziger Nachteil ist, dass diese Anordnung für viele Chöre eher ungewohnt ist.

Für meinen Geschmack vereinigt diese Variante die meisten Vorteile und wiegt auch den geringen Nachteil auf, dass sich Sänger und Chorleiter auf diese Aufstellung einstellen müssen. Die Abweichung von der klassischen Aufstellung ist aber gar nicht so groß.

[Da diese Aufstellung von mir favorisiert wird, beziehen sich auch einige Angaben und Abbildungen in nachfolgenden Kapiteln darauf.]

4.5. S-T/B-A

➢ S1-A1/A2-S2
➢ T1-B1/B2-T2
➢ für dreistimmige Chöre siehe *Kapitel 4.4.*

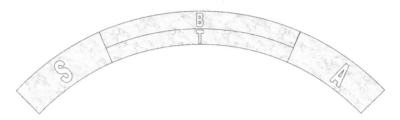

Dies ist eine Abwandlung der gerade beschriebenen Aufstellung. Verändert wird hier lediglich die Anordnung der tiefen Stimmen, weshalb diese Aufstellung auch nur für vierstimmige Besetzungen relevant ist.

Es gilt die gleiche Pro-Kontra-Zuordnung, wie in *Kapitel 4.4.* beschrieben. Folgendes kommt als Ergänzung hinzu:

Pro: Die tiefen Stimmen werden noch zentraler wahrgenommen, so dass sich im Panorama von links nach rechts eine Dreiteilung ergibt.

Kontra: Durch die beiden hintereinander stehenden Register wird die Mikrofonierung mit Stützmikros etwas schwieriger *[siehe Kapitel 5.6.]*.

4.6. Was sonst noch beachtet werden sollte

Neben den gerade beschriebenen Aufstellungen gibt es je nach Bedarf einige Sonderfälle, zum Beispiel Aufnahmen, bei denen Solisten oder eine Solistengruppe eine Rolle spielen. Solche Dinge wie auch andere Spezialfälle (Doppelchörigkeit, Aufnahme mit Begleitinstrumenten oder Playbacks) werden bei den Mikrofon-Aufstellungen im *Kapitel 5.7.* mit abgehandelt.

4. Chor-Aufstellungen

Jedes Chormitglied muss ja in der Regel Blickkontakt zum Dirigenten haben und darf durch davor stehende Personen nicht verdeckt werden. Dies gilt ebenso für die akustische Verdeckung. Es ist also „Sichtkontakt" zum Hauptmikro erforderlich. Sobald der Chor eine bestimmte Anzahl an Mitgliedern hat, ist eine Aufstellung in mehreren Reihen eigentlich der Normalfall. Für Aufnahmen sollte spätestens ab drei Reihen mit Chorpodesten gearbeitet werden. Bei zwei Reihen ist das natürlich auch von Vorteil, aber eine versetzte Aufstellung funktioniert hier ebenso. (Zur Beachtung: Sobald du mit Chorstufen arbeitest, kannst du den Störfaktoren aus *Kapitel 3.4.* noch knarrende Podeste hinzufügen. Achte <u>vor</u> den Aufnahmen auf entsprechende Qualität.)

Eine letzte Sache muss noch ergänzt werden. Auch wenn es banal klingt - das ist es nicht. Da die Aufnahmen in den meisten Fällen über mehrere Tage stattfinden und eventuell das Equipment immer wieder neu aufgebaut wird, musst du dafür sorgen, dass jedes Mal die gleichen akustischen Verhältnisse herrschen. Dazu gehört auch, dass Sänger und Mikros genau an den gleichen Stellen stehen. Es reicht auch nicht, wenn nur die Abstände stimmen. Ist die gesamte Aufstellung im Raum um einen Meter verschoben, kann dies schon ein anderes Klangbild bedeuten, da jeder Raum an verschiedenen Stellen unterschiedlich klingt! Also überlege dir, wie du die Aufstellung reproduzierbar machst (ausmessen, aufmalen, fotografieren, Flecken oder Muster des Bodens als Anhaltspunkt, aufgeklebte Markierungen, ...). Es ist sowieso gut, wenn du die zu Anfang des Kapitels beschriebene Halbkreisform mit Bandmaß festlegst und mit ein paar Stücken Gaffa Tape kenntlich machst. (Nimm kein Paket-Klebeband. Das knistert beim Drauftreten und lässt sich von manchen Oberflächen nur schlecht wieder ablösen.)

5. Kleine Mikrofonkunde

Wenn du mit einfachen Mitteln nur ein paar Mitschnitte machen möchtest, kommst du eventuell auch mit Kompaktgeräten aus, die einschließlich der Mikrofone alles unter einer Haube haben *[siehe Kapitel 6.1.]*. Für alles, was darüber hinausgeht, musst du dich aber notgedrungen mit Mikrofontechnik auseinandersetzen. Nun gibt es eine gerade für den Laien fast unüberschaubare Vielfalt an Mikrofonen, die sich vom Äußeren her mehr oder weniger durch die Bauform und die Ziffer auf dem Preisschild unterscheiden. Das vorliegende Kapitel soll dir helfen zu verstehen, was es an Mikros so alles gibt und welche Stereo-Verfahren für eine Chor-Aufnahme zur Debatte stehen. Wenn es dann irgendwann um das Kaufen oder Ausleihen von Mikrofonen geht, dann solltest du mit bestimmten Vorstellungen auswählen können. Mache dir dabei stets bewusst: Das Mikrofon steht am Anfang der Signalkette, und was man an dieser Stelle schon versaut hat, lässt sich nur mühsam bis gar nicht wieder korrigieren!

5.1. Mikrofontypen

Neben den oben erwähnten offensichtlichen Wesensmerkmalen machen vor allem die Innereien den Unterschied aus. Nur kurz möchte ich an dieser Stelle auf eine Einteilung in **Druckempfänger** und **Druckgradientenempfänger** eingehen.

Grundsätzlich wandelt ein Mikrofon die eintreffenden Schallwellen (also Druckunterschiede in der Luft) in elektrische Spannungen um. In den meisten Fällen geschieht dies mit einer Membran, die in Schwingung versetzt wird. Beim Druckempfänger handelt es sich um ein geschlossenes System, welches auf jegliche Druckunterschiede der Luft reagiert. Damit ist das Mikrofon in nahezu allen Richtungen für Schallereignisse empfindlich.

Der Druckgradientenempfänger dagegen reagiert auf Druckunterschiede (Gradienten) zwischen den Bereichen vor und hinter der Membran. Durch die Gestaltung der Bauform und den Einsatz von eventuell zwei Membranen lässt sich die Richtcharakteristik *[siehe Kapitel 5.2.]* des Mikrofons beeinflussen.

Nachdem der Schall im Mikrofon nun also eine mechanische Schwingung ausgelöst hat, muss diese in eine elektrische umgesetzt werden. Das kann man im Prinzip erreichen, indem man ein System wie einen umgekehrten Lautsprecher arbeiten lässt: Eine Membran schwingt und erzeugt in einer an ihr befestigten Spule eine Spannung, wenn die Schwingung in einem Magnetfeld erfolgt (Induktion). Auf diese Art und Weise arbeiten **dynamische Mikrofone**. Für Choraufnahmen kommen sie maximal für Solisten in Frage. Sie sind für einen geringen Abstand zur Schallquelle ausgelegt und vertragen auch mal größere Lautstärken. Der Neuanschaffungspreis liegt eher im unteren Preissegment.

Der eigentlich wichtige Mikro-Typ für Choraufnahmen sind die **Kondensator-Mikrofone**. Wenn du mal an deinen Physik-unterricht denkst, erinnerst du dich vielleicht auch an große gegenüberliegende Metallplatten, die mit einer Ladung versehen werden konnten. In verkleinerter Form finden wir dies im Kondensator-Mikro wieder. Wird dieses System nun in Schwingung versetzt, ändert sich der Plattenabstand und damit die Kapazität des Kondensators. Im Vergleich zum dynamischen Mikrofon ist die verbaute Membran leichter und damit beweglicher und empfindlicher. Deshalb liefern Kondensator-Mikros einen detailreicheren Sound in normalerweise allen Frequenzbereichen. Das gilt allerdings nicht nur für dein Nutzsignal, sondern auch für alle ungewünschten Einstreuungen!

Mehr als bei dynamischen Mikrofonen musst du bei Kondensator-Mikros auf eventuelle Umwelteinflüsse achten, da sich hier sowohl Temperaturschwankungen als auch eine hohe Luft-feuchtigkeit eher negativ bei den Klangeigenschaften bemerkbar machen. Auch Staub, der durch das Funktionsprinzip der Kondensator-Mikrofone unweigerlich statisch angezogen wird, ist im doppelten Sinne ein Feind des sauberen Klanges. Deshalb solltest du solch ein Mikro möglichst in der Originalpackung (meist Koffer) transportieren und auch bei Nichtgebrauch darin aufbewahren.

Eine Unart von Laiensängern ist es, durch Pusten festzustellen, ob das Mikro an ist. Was bei dynamischen Mikrofonen kaum ein Problem darstellt, kann ein Kondensator-Mikro sogar beschädigen. Mal abgesehen davon, dass durch das Hineinpusten auch wieder Staub und Feuchtigkeit ins Gehäuse transportiert werden, nehmen einige Membranen diese Überbelastung doch sehr übel.

Eine Eigenheit der Kondensator-Mikrofone solltest du beachten: Ein Kondensator arbeitet nur, wenn er geladen wird. Und bei unseren Mikros bedeutet das, dass eine Arbeitsspannung zugeführt werden muss. Üblicherweise sind dies 48 Volt, und in Fachkreisen wird das Ganze als **Phantomspeisung** bezeichnet. Diese wird über das ganz normale Anschlusskabel mit transportiert. Allerdings muss sie auch irgendwo herkommen. Wenn du ein Mischpult benutzt, dann hast du vielleicht schon das kleine Knöpfchen (zum Beispiel „48 V") entdeckt. Es gibt aber auch Mischpulte ohne Phantompower. Und bei Soundkarten und auch manchen Audio-Interfaces am PC sieht es meist noch schlechter aus. Dann hast du die Möglichkeit, entweder ein Vorschaltgerät in den Kabelstrang einzufügen, oder du nimmst gleich einen Vorverstärker, welcher neben der Spannungsversorgung den Pegel auf ein höheres Niveau bringt.

Neben den beiden beschriebenen Mikrofontypen gibt es natürlich noch einige weitere, die aber für unsere Zwecke nicht relevant sind. Wenn du dazu mehr Informationen brauchst, dann schaue in mein Buch „Mein erstes Tonstudio - Band I" Kapitel 4.

5.2. Richtcharakteristik

Die Richtcharakteristik beschreibt die Empfindlichkeit des Mikrofons in Abhängigkeit von der Richtung des einfallenden Schalls. Je nach Bauform und dem Wandlerprinzip ergeben sich da unterschiedliche Möglichkeiten. Vor allem im Bereich der Kondensator-Mikros wird gern mit zwei Membranen gearbeitet. Durch entsprechende Kombination lassen sich variable Richtcharakteristiken erzielen, die man am Mikrofon dann einfach umschalten kann.

Noch ein Wort zu der sogenannten **Einsprechrichtung** (auf den folgenden Grafiken bei 0°). Damit bezeichnet man die Seite des Mikrofons, in die man sozusagen hineinsprechen würde. So banal, wie dir das jetzt vielleicht vorkommt, ist das gar nicht. Es gibt nämlich Mikros, wo du von außen nur noch schwer erkennen kannst, ob die Membran nach oben oder zur Seite ausgerichtet ist. Und bei den meisten der nachfolgenden Charakteristiken ist dies durchaus wichtig. Also mache dich mit deiner Technik vertraut.

Die Charakteristik **Kugel** nimmt den Schall aus allen Richtungen in gleicher Intensität wahr. Es wird also auch der Raumklang mit übertragen, was für bestimmte Aufnahmen durchaus wünschenswert ist. Mikrofone mit dieser Richtcharakteristik sind eher im Bereich der klassischen Musik zu Hause. Außerdem werden sie für bestimmte Stereo-Verfahren benötigt *[siehe Kapitel 5.3.]*.

Mikrofone mit der Charakteristik **Niere** und deren Verwandte werden allgemein als Richtmikrofone bezeichnet, da sie auf den Schall aus einer bestimmten Richtung verstärkt ansprechen oder anders herum bei Schall aus bestimmten Richtungen wenig bis gar nicht reagieren. Nierenmikros sind die universellsten Kandidaten der Mikrofonlandschaft. Sie blenden den rückwärtigen Schall weitestgehend aus.

Bei der **Superniere** wird die Richtwirkung verstärkt. Dadurch ist das Mikrofon unempfindlicher für seitlichen Schalleinfall. Allerdings geht ein wenig von der rückwärtigen Dämpfung verloren. Falls deine Mikrofonierung relativ eng aussieht, kannst du mit der Supernierencharakteristik eine gute Kanaltrennung erreichen.

Die **Hyperniere** funktioniert ähnlich. Der seitliche Winkel, bei welchem die maximale Dämpfung vorliegt, ist gegenüber der Superniere allerdings verschoben. Außerdem ist die rückwärtige Dämpfung noch geringer.

Die **Acht** schließlich empfängt von der Einsprechrichtung und der Gegenseite quasi identisch starke Signale - nur halt mit umgekehrter Phasenlage. Die Seiten dagegen sind praktisch unempfindlich. Für Aufnahmen mit schöner Raumakustik (diese mal vorausgesetzt) eignen sich solche Mikrofone ausgesprochen.

5.3. Stereo-Verfahren

Das räumliche Hören ist Bestandteil unseres Alltags. Deshalb bevorzugt man es in bestimmten Situationen, eine Stereoquelle auch in stereo aufzunehmen. Und genau dies trifft auf unsere Choraufnahmen ja zu. Das Ganze ist komplizierter als gedacht. Mal eben zwei Mikros hinstellen und los - das wäre schön. Das Grundproblem liegt darin, wie unser Gehör Richtungsinformationen verarbeitet. Es können einerseits Lautstärkeunterschiede zwischen den beiden Ohren ausgemacht und damit zugeordnet werden, auf welcher Seite des Kopfes sich die Schallquelle befindet. Interessanter und vor allem erstaunlicher ist, dass die Zeit des Eintreffens der Schallinformationen auch ausgewertet wird. Dabei kann unser Gehör einen Unterschied von 10 µs, also 10 Millionstel-Sekunden erfassen! Aus diesen Fakten ergeben sich zwei Verfahren, die zur Aufnahme von Stereoinformationen herangezogen werden können, und zwar die **Intensitätsstereofonie** und die **Laufzeitstereofonie**. Nachfolgend sollen die zugehörigen Mikrofonaufstellungen kurz vorgestellt werden. Es werden dabei auch Vor- und Nachteile erwähnt, die im Anschluss in einer Kurzübersicht noch einmal zusammengefasst werden.

[siehe Hörbeispiele auf www.andy-j.de: AB/ XY/ ORTF]

Die erste Aufstellung im Bereich der Intensitätsstereofonie ist die

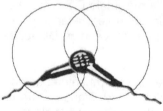

XY-Anordnung. Dafür werden zwei Nierenmikrofone verwendet, die du mit einem Öffnungswinkel von 90° bis 130° aufstellst. (Der Winkel hängt von der genauen Richtwirkung der Mikrofone und vom zu erfassenden Aufnahmebereich ab. Für Choraufnahmen sind 90° eigentlich die Regel.) Da du bei der Aufnahme keine Laufzeitunterschiede mit erfassen möchtest, musst du darauf achten, dass die Membranen der beiden Mikros möglichst eng beieinander sind. Am besten positioniert man die Mikrofonkapseln übereinander, so dass die Entfernung der beiden Membranen zur Schallquelle identisch ist. Die Aufnahmen mit XY-Anordnung haben eine detailreiche Auflösung in Bezug auf die Ortbarkeit der Schallquellen. Räumlichkeit und Klangfülle sind allerdings weniger ausgeprägt.

Sehr interessant ist das Mitte-Seite-Verfahren oder auch kurz die

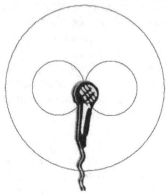

MS-Anordnung. Hierbei wird ein Achter-Mikrofon mit einem Mikro vom Typ Niere oder Kugel kombiniert. Auch diese Mikrofone müssen dicht beieinander stehen - üblicherweise auch wieder übereinander. Das Achter-Mikro erfasst nun den seitlichen Schall - allerdings auf den beiden Seiten mit gegensätzlicher Polarität. Bei der Aufstellung muss beachtet werden, dass die phasenrichtige Seite den linken Schall aufnimmt, damit die weitere Verarbeitung der Signale korrekt ausgeführt werden kann. Vom anderen Mikrofon werden nun noch die Mitteninformationen erfasst. Das Ergebnis sind zwar auch zwei Spuren, aber im Gegensatz zu allen anderen Verfahren ergeben diese noch kein Stereo-Signal. Du hast jetzt im Prinzip eine Mitten- und eine Seiten-Spur. Ein normales Stereo-Bild entsteht erst, indem das Mischpult oder deine Software das MS-Signal dekodiert. Es ist also sinnvoll, beim Kauf schon darauf zu achten, ob die Software das auch kann.

 Falls deine Software an der Stelle kapituliert, kannst du aber auch selbst die Dekodierung ohne großen Zeitaufwand vornehmen:

> ➤ *Du benötigst dafür drei Spuren.*
> ➤ *Lege das Seitensignal in zwei Spuren parallel und senke diese Spuren im Pegel um 3 dB ab.*
> ➤ *Drehe bei einer dieser Spuren den Panorama-Regler nach ganz links.*
> ➤ *Drehe bei der anderen Spur den Panorama-Regler nach ganz rechts und drehe bei dieser Spur zusätzlich die Phase um 180°. Dafür gibt es normalerweise einen Knopf oder eine Menüfunktion.*
> ➤ *Lege auf die dritte Spur noch das Mittensignal und lasse den Panorama-Regler in der Mitte.*
> ➤ *Wenn sowohl die Aufnahme korrekt erfolgt ist und du auch die beschriebene Schrittfolge richtig ausgeführt hast, sollte das Ergebnis jetzt ein sauberes Stereobild sein.*

Die Vorteile des MS-Verfahrens liegen auf der Hand. Da Mitten- und Seiten-Signale getrennt vorliegen, kannst du sie also auch getrennt bearbeiten. Das betrifft Möglichkeiten von der einfachen Klangreglung bis zu Kompression und Effekten. Und über das Lautstärkeverhältnis der Kanäle beeinflusst du schließlich die Breite des Stereo-Feldes.

Ein weiterer Vorteil ist, dass das Klangergebnis vollständig mono-kompatibel ist. Einzig als Nachteil müsste erwähnt werden, dass sich besonders breite Klangquellen (beispielsweise ein großer Chor in breiter Aufstellung) nicht so gut abbilden lassen, da vor allem die Stereo-Mitte betont wird.

Da dieses Verfahren technisch etwas schwerer zu durchschauen ist und auch zusätzlichen Aufwand in der Nachbearbeitung bedeutet, würde ich besonders Neueinsteigern bei ihren Erstversuchen zu einem anderen Verfahren raten.

Die **Blumlein-Anordnung** funktioniert so ähnlich wie die XY-Variante. Der Unterschied ist, dass du zwei Achter-Mikrofone verwendest, die um 90° gedreht aufgestellt werden, so dass ein Mikro vor allem in dem Bereich unempfindlich ist, in dem gerade das andere seine höchste Pegelerfassung hat. Auch hier gehören die Kapseln wieder dicht zusammen. Bedingt durch die Richtcharakteristik der verwendeten Mikros erfasst du mit dem rückwärtigen Teil der Acht gleichzeitig einen großen Anteil an Raumklang. Wenn dieser soweit in Ordnung ist und auch keine anderweitigen Störgeräusche einfallen, erhältst du eine Aufnahme mit schöner Raumatmosphäre. Außerdem produziert diese Anordnung ein sehr gutes Stereobild. Was die Blumlein-Anordnung für Choraufnahmen eher uninteressant macht, ist die Tatsache, dass die tiefen Frequenzen gedämpft werden, so dass ich aus meiner Sicht nur bei Chören mit ausschließlich Sopran- und Alt-Stimmen zu dieser Variante greifen würde.

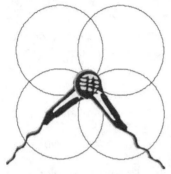

Allen drei gerade beschriebenen Verfahren der Intensitätsstereofonie ist gemeinsam, dass sie eine hohe Monokompatibilität haben. Im Vergleich zu den nachfolgenden Verfahren stellt man allerdings fest, dass es manchmal an räumlicher Tiefe fehlt.

Während du bei der Intensitätsstereofonie auf eine enge Aufstellung der Mikrofone achten musst, ist bei der Laufzeitstereofonie eine bewusste räumliche Trennung der Mikros erkennbar. Die **AB-Anordnung** arbeitet dabei meist mit zwei Kugel-Mikrofonen, manchmal auch mit Niere oder Acht. Als Abstand wird häufig circa eine Kopfbreite (also der Ohrabstand) gewählt. Die Mikros werden dazu auf eine Stereo-Schiene geschraubt. In dieser Klein-

AB-Anordnung kannst du sehr gut kleine bis mittlere Chöre aufnehmen, wo man bewusst einzelne Stimmen nicht lokalisiert haben möchte. Wenn der Raum eine stärkere Rolle spielen soll (Konzertsäle, Kirchen), kannst du auch mit einem größeren Mikrofonabstand arbeiten. Die Ergebnisse des Raumklanges sind durchaus beeindruckend. Allerdings solltest du dir darüber im Klaren sein, dass mit immer größerem Abstand zwischen den Mikros die Monokompatibilität den Bach runter geht. Im schlimmsten Fall löschen sich beim Umschalten auf mono ganze Signalanteile völlig aus! Bei extrem breiter Aufstellung kann es dir auch passieren, dass in der Mitte ein akustisches Loch klafft. Abhilfe schafft hier ein zusätzliches Mikro, welches auf die Mitte ausgerichtet wird und dem Mix dann auch mittig und mit geringem Pegel zugemischt wird (Stützmikro). Das ist aber für den Neuling wiederum ein zusätzlicher Stressfaktor und eine mögliche Fehlerquelle.

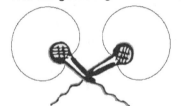

Wie du gerade gelesen hast, haben sowohl die Intensitäts- als auch die Laufzeitstereofonie ihre Vor- und Nachteile. Aus dieser Situation heraus wurde noch ein weiteres Verfahren, nämlich die **Äquivalenzstereofonie** entwickelt, um vor allem die Vorteile der beiden vorgenannten Verfahren zu kombinieren. Zwei Varianten dazu möchte ich kurz vorstellen. Die **ORTF-Anordnung** ist genau genormt und verwendet zwei Nierenmikros. Diese werden 17 cm voneinander mit einem Öffnungswinkel von 110° aufgestellt, wofür auch wieder eine Stereo-Schiene genutzt werden kann. Das Ergebnis ist ein schönes Stereobild mit trotzdem guter Raumwirkung und zumindest bedingter Monokompatibilität. Du siehst dieses Verfahren vielleicht als universell an, was durchaus auch zutrifft. Allerdings musst du entscheiden, ob diese „Kompromiss-Aufstellung" immer geeignet ist oder eben doch eine der mehr spezialisierten.

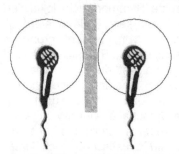

Eine weitere Möglichkeit ist die **OSS-Anordnung**. Hierfür werden Kugelmikrofone in einem Abstand von 17 cm aufgestellt. Dazwischen befindet sich zur akustischen Trennung eine 30 cm große Absorberscheibe, welche nach ihrem Erfinder auch **Jecklin-Scheibe** genannt wird. Akustisch gesehen musst du dir einfach vorstellen, dass die beiden Mikros die Ohren sind und die Scheibe die Schallbeeinflussung durch den Kopf simulieren soll. Für den Neueinsteiger ist diese Variante allein vom Materialbedarf her und auch in Bezug auf die größere Zahl der zu beachtenden Faktoren beim Aufbau sicher nicht die erste Wahl.

Nachfolgend findest du nun einen Vergleich der einzelnen Verfahren. Dieser ist natürlich stark pauschalisiert, hilft dir aber trotzdem vielleicht bei der Entscheidungsfindung. Vor allem musst du darüber nachdenken, ob dir einerseits die Ortbarkeit der Register wichtig ist oder ob andererseits der homogene Klang des Chores und die Räumlichkeit der Aufnahme mehr im Mittelpunkt stehen sollen. Auch die Monokompatibilität solltest du beachten, denn selbst im Zeitalter von Stereo-Sound und diversen Surround-Verfahren ist diese immer noch eine wichtige Sache.

Die abschließende Beurteilung in Bezug auf den Schwierigkeitsgrad bezieht sich auf den Neueinsteiger. Ich gehe dabei davon aus, dass Achter-Mikros und Jecklin-Scheiben nicht gleich zur Grundausrüstung gehören. Auch das Mischen in MS ist eher etwas für Fortgeschrittene. Außerdem ist in die Bewertung mit eingeflossen, ob beim Aufbau der Mikrofonierung viele Kriterien beachtet werden müssen, die letztlich auch zu Fehlern führen könnten.

Kriterium	XY	MS	Blum-lein	AB	ORTF	OSS
Frequenz-gang	✓	✓	✗	✓	✓	✓
Ortbarkeit der Register	✓	O	✓	✗	O	O
Homogeni-tät	O	✓	O	✓	O	O
Räumlich-keit	✗	✗	O	✓	O	O
Monokom-patibilität	✓	✓	✓	✗	O	O
Aufwand & Schwierig-keitsgrad	O	✗	O	✓	O	✗

✓ günstig
O ok
✗ ungünstig

Sollte dir diese theoretische Betrachtung nicht ausreichen, dann mache doch einfach einen Feldversuch, indem du beispielsweise während einer Chorprobe einige Mitschnitte im Rahmen deiner technischen Möglichkeiten anfertigst. Eventuell willst du ja auch nur zwei der Verfahren noch miteinander vergleichen, um eine endgültige Entscheidung zu treffen. So ganz nebenbei bekommst du dadurch schon ein wenig Praxis, ohne dass dir der Erfolgs-druck einer „echten" Aufnahme im Nacken sitzt.

Unabhängig von den beschriebenen Verfahren (und das waren nicht alle existierenden) gibt es natürlich die Möglichkeit, das Stereobild erst beim Mischen festzulegen. Das heißt, es wird im Prinzip jede Stimmgruppe mono mit einem Mikrofon aufgezeich-net, und erst im Mischprozess entsteht durch unterschiedliche Anordnung der Signale *[siehe Kapitel 15.2.]* und durch Effekt-bearbeitung *[siehe Kapitel 19]* ein Stereobild. Früher hat man dieses Verfahren nicht selten separat angewandt, heute kombi-niert man im Normalfall eines der oben beschriebenen Verfahren mit der Mikrofonierung der Einzelstimmgruppen. Dabei wird das

Stereo-Paar als Hauptmikrofon gesehen. Die Einzelmikros dienen als Stütze, um vor allem im Mischprozess geringfügige Korrekturen an den Pegelverhältnissen vornehmen zu können *[siehe Kapitel 15.1.]*. Zusätzlich wird durch das Zumischen der Stützmikros die Detailtreue und damit die Sprachverständlichkeit etwas verbessert.

5.4. Was sonst noch beachtet werden sollte

Bis hier hast du nun eine ganze Menge über Mikrofone erfahren. Für den völligen Neueinsteiger ist das vermutlich jetzt schon zu viel. Dabei sind noch gar nicht alle Dinge angesprochen worden, die du beachten solltest.

Ein noch nicht angesprochenes aber wichtiges Thema ist der **Trittschall**. Damit ist die Übertragung von Lauf- und Taktklopfgeräuschen über das Mikrofonstativ auf das Mikro gemeint. Das Ergebnis sind dann meist rumpelartige Geräusche, die auch richtig laut sein können und jegliche Aufnahmen zerstören. Dazu muss man auch nicht die Körpermaße eines Sumoringers haben - auch die elfenhafte Sängerdame hinterlässt Trampelgeräusche, die eher an Elefanten erinnern würden. Das liegt vor allem an der Empfindlichkeit unserer Studio-Kondensatormikrofone. Also was kannst du nun tun?

> ➤ Die erste Maßnahme ist eigentlich schon immer vorhanden, nämlich die **Gummifüße**, die die Hersteller serienmäßig an den Mikrofonständern befestigen. Schaue aber trotzdem zur Sicherheit noch mal nach. So ein Gummifüßchen macht sich beim Transport vielleicht doch mal selbstständig.
> ➤ Je nach Fußboden könnten die Gummifüße aber nicht ausreichend sein. Dann musst du für zusätzliche Dämpfung sorgen. Das kann ein flauschiger Teppich sein, aber auch kleine Korkstücke unter den Füßen oder Bastel-Abfallstücke aus Moosgummi funktionieren ganz gut.
> ➤ Auch der Low Cut kann als technischer **Trittschallfilter** fungieren. Dazu gibt es am Mikrofon

selbst oder am Mischpult einen Schalter. Allerdings kannst du diesen nur einsetzen, wenn du keine tiefen Frequenzen aufnehmen möchtest.

➢ Schließlich solltest du es zum Standard werden lassen, dein Mikrofon nicht einfach in eine Klemmhalterung einzuspannen, sondern die studiotypische **Spinne** zu verwenden. Bei manchen (meist teureren) Mikros wird eine passende gleich mitgeliefert, aber es gibt auch universell verwendbare Spinnen. Der Sinn ist wiederum die akustische Abkopplung vom Stativ.

5.5. Auswahl und Aufstellung des Hauptmikrofons

Kümmern wir uns zunächst um das Hauptmikrofon (eigentlich ja zwei). Im *Kapitel 5.3.* wurden dir ja schon die entsprechenden Erläuterungen in Bezug auf das Stereo-Verfahren gegeben. Ganz gleich, welches du nun davon verwendest - auf jeden Fall musst du bei der Aufstellung des Hauptmikros sehr sorgfältig arbeiten, da du hier den Gesamtsound festlegst. (Wenn du ohne Stützmikrofone arbeitest, ist die Hauptmikrofonie sogar deine einzige.)

Folgende Richtwerte in Bezug auf die Auswahl und Aufstellung des Hauptmikros haben sich in der Praxis bewährt:

➢ Mikrofontyp: Kondensator
➢ Membrangröße: eher Klein- als Großmembran
➢ Richtcharakteristik: Niere/ Kugel/ Acht (je nach verwendetem Stereo-Verfahren)
➢ Aufstellung: zwei bis acht Meter vom Chor entfernt in Kopfhöhe oder höher

Wie du siehst, gibt es bei diesen Angaben noch einige Variablen. Zu Mikrofontyp und Richtcharakteristik wurden schon Erläuterungen gegeben. Die Entscheidung über die **Membrangröße** fällt im Einsteigersektor manchmal schon über die vorhandenen Mikros. Ansonsten ist es so, dass Kleinmembraner in den Höhen prägnanter sind, während Großmembraner mehr Wärme einfangen. Für Choraufnahmen werden wegen der Detailtreue und

dem hohen Dynamikumfang meist Kleinmembran-Mikrofone eingesetzt. Wenn du aber sowieso mit Stützmikros arbeiten wirst
und die Details von dort beimischst, kannst du auch Großmembraner verwenden, die von Natur aus ein geringeres Eigen-
rauschen mitbringen. Übrigens liegt die Grenze zwischen Klein-
und Großmembran bei einem Zoll, also circa 2,5 Zentimeter.

Der **Abstand zum Chor** hängt hauptsächlich von der Raumakustik und dem gewünschten Echthall ab und auch die
Ensemble-Größe spielt eine Rolle. Profis bringen dafür entsprechende Erfahrungen mit. Aber da dir als Neueinsteiger diese
sicher noch fehlen, würde dir eigentlich nur Experimentieren
helfen. Das geht zwar, aber dieses Buch soll dich ja nicht zu
Zufallsergebnissen führen. Deshalb ist die Angabe „zwei bis acht
Meter" doch noch recht vage. Daher versuchen wir es mal mit ein
wenig Mathematik für konkretere Angaben.

Um einen **Richtwert** zu bekommen, wie viele Meter das Hauptmikro vom Chor entfernt sein sollte, zählst du einfach die Chormitglieder der vordersten Reihe, teilst diesen Wert durch 5 und
gibst noch einen Meter für etwas Raumanteil dazu.

$$\frac{\text{Chormitglieder}}{5} + 1 = \text{Richtwert}$$

Je nach Raum kannst du von da ausgehend etwas variieren, aber
grundsätzlich sollte diese Position erst einmal funktionieren.

Wenn wir schon beim Variieren sind: Bei Räumen mit stärkerem
Hall oder insgesamt unschöner Akustik möchtest du vielleicht
recht wenig davon auf der Aufnahme haben. Dann musst du
natürlich näher an den Chor ran. Beachte aber auch, dass es
einen **Mindestabstand** gibt, den du nicht unterschreiten solltest.
Gehen wir mal von durchschnittlich 60 Zentimetern Platz aus, die
die Sängerinnen und Sänger einschließlich gehaltener Chor-
mappe in der Breite brauchen (Kinder weniger, stattliche ameri-
kanische Gospel-Muttis mehr). Nimm wieder die Chormitglieder
der ersten Reihe, multipliziere mit 0,6 Metern und teile durch π.
Wenn du es ganz genau haben musst, kannst du auch die
Chorbreite messen und durch π teilen.

$$\frac{\text{Chormitglieder} \times 0{,}6}{\pi} = \text{Mindestabstand} \quad \Bigg/ \quad \frac{\text{Chorbreite}}{\pi} = \text{Mindestabstand}$$

Damit hast du den Mindestabstand, der für die Choraufstellung gleichzeitig einen Halbkreis bedeutet (siehe Abbildung mit Vergleich von Richtwert und Mindestabstand).

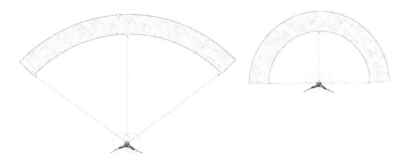

Es wäre ein Fehler, den Mindestabstand zu unterschreiten, weil dann die Außensänger quasi schon hinter der Mikrofonachse stehen würden. Ein anderer Fehler ist es, den Öffnungswinkel der beiden Mikros nach der Ensemblebreite auszurichten. Damit reißt du ein akustisches Loch in die Mitte und entsprichst eventuell auch nicht mehr der Norm des gewählten Stereo-Verfahrens.

Übrigens geht es auch ohne alle Rechnerei, um den optimalen Stellplatz für das Hauptmikro zu finden, auch wenn das Ganze ziemlich blöd aussieht: Halte die hohlen Hände hinter deine Ohren (das simuliert Nierenmikros), lasse den Chor singen und lausche an verschiedenen Stellen. Du wirst merken, wie unterschiedlich es teilweise klingen kann. Klingt alles mies, dann steht der Chor wohl insgesamt an der falschen Stelle im Raum (oder er singt mies).

Die **Höhe des Hauptmikrofons** sollte mindestens Kopfhöhe betragen. Bei hohen Räumen mit guten Klangeigenschaften sind aber auch (bei vorhandenem Material) mehrere Meter Stativlänge möglich, um dem Klang Entfaltungsmöglichkeit zu geben. Wie bei der waagerechten Entfernung zum Chor gilt auch hier: Je weiter weg du mit dem Mikro bist, desto mehr Raumklang fängst du ein.

5.6. Auswahl und Aufstellung der Stützmikrofone

Nun habe ich zwar geschrieben, dass der Chor als Ganzes zu sehen ist. Dies haben wir ja auch mit unserer Stereo-Mikrofonierung beachtet. Allerdings ist gerade bei größeren Chören der Abstand zur Klangquelle meist schon recht groß. Damit wächst der Einfluss der Raumakustik und es leidet vor allem die Sprachverständlichkeit. Außerdem ist das nachträgliche Auspegeln der einzelnen Register so nicht möglich. Aus den genannten Gründen ist es eigentlich üblich, mit zusätzlichen Stützmikros zu arbeiten. Im Normalfall erhält jedes Register eines davon.

➢ Mikrofontyp: Kondensator
➢ Membrangröße: Kleinmembran
➢ Richtcharakteristik: Niere
➢ Aufstellung: schräg von oben auf das Stimmregister gerichtet - für Neueinsteiger pauschal nach dem **50x50-Schema** *[s.u.]*
➢ Abstand der Mikros nach der **3:1-Regel** *[s.u.]*

Bei einer einreihigen Aufstellung sollte das Mikro auf den Kopf der Sängerinnen und Sänger ausgerichtet sein. Dabei ist ein Abstand 50 Zentimeter vor und 50 Zentimeter über den Köpfen (eigentlich über den Mündern) eine günstige Position.

Bei zwei Reihen sollte sich das Mikro 50 Zentimeter vor der ersten Reihe und 50 Zentimeter über der zweiten Reihe befinden.

Ausgerichtet wird es dabei auf den Freiraum zwischen den beiden Reihen.

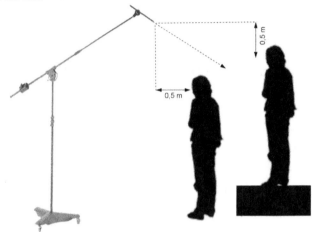

Dieses Prinzip kannst du auch für mehr als zwei Reihen anwenden. Allerdings wird dabei mit steigender Reihenzahl der direkte Abstand zu den Sängern immer größer.

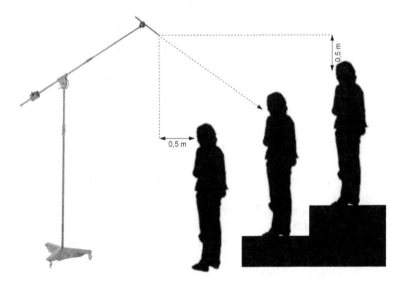

In manchen Fällen kann es notwendig werden, die hinteren Reihen separat mit Stützmikros zu versehen. Das betrifft einerseits große Chöre mit einer Aufstellung in vielen Reihen. Aber auch bei Chören, die mit der Aufstellung S-A / T-B arbeiten *[siehe Kapitel 4.3.]*, ist eine gesonderte Mikrofonierung wünschenswert. Während im ersten Fall die Abstände so gehandhabt werden können, wie schon beschrieben wurde, ist für eine bessere Kanaltrennung im zweiten Fall ein geringerer Abstand angebracht. Die Stative der hinteren Mikros können je nach Gegebenheiten und vorhandenem Stativmaterial ebenfalls vor dem Chor platziert werden. Manchmal wird aber auch eine Mikrofonierung von hinten her angewandt.

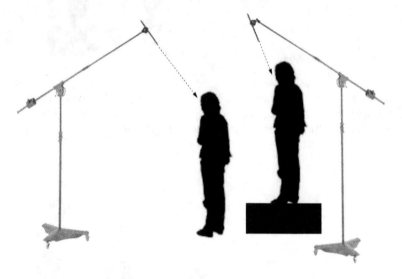

Im Normalfall bekommt jedes Stimmregister ein Stützmikrofon. Bei sehr großen Chören reicht das eventuell nicht aus. Hier kannst du im Schnitt von 20 Sängern pro Mikrofon ausgehen.

Bei den aufgestellten Stützen kommt es nun darauf an, so wenig wie möglich von den benachbarten Stimmgruppen mit einzufangen. Um das zu erreichen, sollte der Abstand der Mikros zueinander wenigstens dreimal so groß sein wie der Abstand zur Schallquelle (3:1-Regel). Das heißt, wenn du die Stützmikros einen halben Meter über den Sängern hängen hast, dann sollten die Mikros mindestens einen Abstand von anderthalb Metern zueinander haben, um ein zu starkes Übersprechen zu vermeiden (Abbildung Abstand C und D).

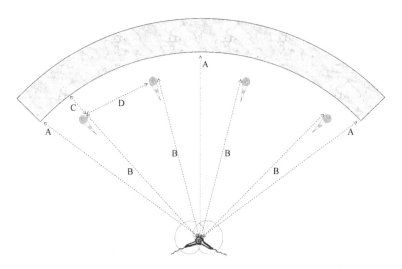

Auch für die folgende Problematik muss nachgemessen werden. Es wird unter den Tonleuten kontrovers diskutiert, ob man den **Laufzeitunterschied** zwischen Hauptmikro und Stützen ausgleichen sollte. Ich persönliche mache das; andere verzichten darauf. Wie ist das nun gemeint und wie funktioniert es? Wir gehen davon aus, dass der Schall in einer bestimmten Zeit einen bestimmten Weg zurücklegt. Da die Sänger viel dichter an den Stützmikrofonen dran sind, erreicht der Schall diese also zuerst, bevor er sich bis zum Hauptmikro ausgebreitet hat. Je nach Mischungsverhältnis und der Größe des Laufzeitunterschiedes kann sich das Ganze durchaus als störend herausstellen. Deshalb würde ich vor allem bei relativ großem Abstand des Hauptmikros den Ausgleich empfehlen. Dazu misst du einfach den Abstand zwischen Hauptmikro und Stütze (Abbildung Abstand B). Wenn die Stützmikros unterschiedliche Abstände haben, dann musst du das für jedes Mikro separat machen. Den erhaltenen Wert multiplizierst du mit 2,91 und erhältst einen Wert, der dir in Millisekunden die Verzögerungszeit angibt (Angabe für durchschnittliche Raumtemperatur). So weit musst du die Spuren

───

der Stützmikros verzögern, also beispielsweise in der Recording-Software nach rechts verschieben.

Rechenbeispiel gefällig? Nehmen wir an, der Chor ist relativ groß und das Hauptmikro steht in sechs Metern Entfernung. Dann ergibt sich für Abstand B vielleicht ein gedachter Wert von 5,60 m.

$$5,60 \times 2,91 = 16,296$$

Du verschiebst die Spuren der Stützen also um 16,296 ms nach rechts.

5.7. Spezialfälle

Abweichend von den bisher beschriebenen Choraufstellungen und Mikrofonierungen kann es je nach Titel oder räumlichen Gegebenheiten auch zu spezielleren Aufnahmesituationen kommen. Einige davon möchte ich nachfolgend kurz erläutern.

Wenn in einem Chortitel **Soloteile** vorkommen, musst du dies auch bei deiner Aufnahme natürlich beachten. Im Normalfall sind solche Titel schon vom Arrangement her so geschrieben, dass das Solo eine Chance hat. Ein guter Chor mit einem guten Chorleiter wird den Titel also so vorbereiten, dass die Chorstimmen den Einzelgesang nicht platt machen. Trotzdem gibt es Gründe, Solisten mit einem Extra-Mikro auszustatten. Einerseits gibt dir die separate Aufnahme die Möglichkeit, eine nachträgliche Bearbeitung der Solo-Spur vornehmen zu können, was ja letztlich nicht nur die Lautstärke betrifft. Ein anderer Grund könnte sein, dass die Position im Panorama einfach als störend empfunden wird. Ein Sopran, der (aus deiner Sicht) links außen steht, ist im Endklang auch von dort zu hören. Es ist nun Geschmackssache, ob diese Position, die ja live auch so wäre, für die Aufnahme in Ordnung ist oder ob lieber eine mittige Ortung erwünscht ist. Wenn die zentrale Position bevorzugt wird, muss die Sängerin oder der Sänger natürlich auch dort stehen, denn das Solo wird ja trotz separater Mikrofonierung auch von den Chormikros erfasst.

Bei der Mikrofonauswahl kannst du dich hier an den Gepflogen-
heiten der allgemeinen Gesangsaufnahme orientieren *[siehe
„Mein erstes Tonstudio - Band II" Kapitel 9]*:

> ➢ Mikrofontyp: Kondensator
> ➢ Membrangröße: Großmembran
> ➢ Richtcharakteristik: Niere
> ➢ Aufstellung: 10 bis 40 cm Abstand/ genau auf den
>   Mund gerichtet

Für einen vernünftigen Klang gehört letztlich natürlich auch der
Poppschutz vor das Mikro. Neben der Reduzierung der Explosiv-
laute hilft er gleichzeitig, den Sänger auf Abstand zu halten.

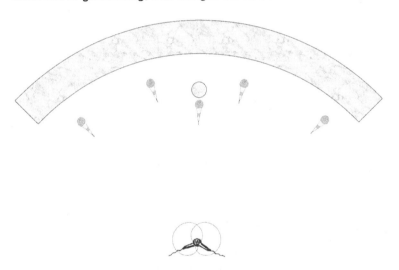

*Wenn die gerade beschriebene mittige Aufstellung
genutzt werden soll, ist es bei einem größeren Chor am
besten, wenn die Solisten die restlichen Chorparts gar
nicht erst mitsingen, da dies das Panorama des Chores ver-
murkst. Bei kleineren Besetzungen mit nur wenigen Leuten pro
Stimmgruppe kann dies aber ein Problem sein. Eine mögliche
Lösung, die ich auch schon genutzt habe, sieht so aus:*

➢ *Nimm zunächst den Chor ohne Soloparts auf. Die Solisten würden sich ganz normal in ihren Registern befinden. Stelle das Solo-Mikro schon mit auf und aktiviere es auch bei der Aufnahme, da du ansonsten beim späteren Schnitt mit hörbaren Schnittproblemen zu kämpfen hast.*

➢ *Nimm nun den Chor mit Soloparts in zentraler Position auf.*

➢ *Der Rest hat nun mit ein wenig Fingerspitzengefühl beim Schneiden zu tun, indem du den Titel dann aus beiden Versionen zusammenstückelst. Bei guter Schnitt-Technik [siehe Kapitel 14] ist das Ganze unhörbar.*

➢ *Wichtige Voraussetzung für dieses Verfahren: Der Chor singt intonationssauber!*

Es gibt Arrangements, bei denen eine **instrumentale Begleitung** zum Einsatz kommt. Diese wird im Normalfall parallel mit aufgenommen, da die lebendige Phrasierung des Chorgesanges nur selten mit einer vorproduzierten Begleitung funktioniert. Im Grunde hast du es mit zwei Problemen zu tun, die auch nicht optimal zu lösen sind:

➢ Chor und Dirigent einerseits und der Instrumentalist andererseits müssen sich gegenseitig gut hören können.

➢ Das Übersprechen des Instrumentes in die Chormikros und auch umgekehrt des Chores in die Instrumentalspur soll so gering wie möglich sein.

Hierfür gibt es nur einen Mittelweg als Kompromisslösung. Vor allem die Platzwahl für das Instrument ist entscheidend. Wenn für die Choraufnahmen Mikrofone mit Nierencharakteristik verwendet werden, befindet sich auf der Rückseite der Mikros die etwas unempfindlichere Seite. Demnach wäre ein Platz ein paar Meter hinter dem Hauptmikro und natürlich in entgegengesetzter Blickrichtung nicht schlecht. Wichtig dabei ist nur, dass vor allem der Chor das Instrument noch ausreichend hört. (Umgekehrt sollte es kein Problem sein.) Im späteren Mischprozess musst du beachten, dass natürlich trotzdem ein gewisses Übersprechen vorhanden ist und somit die Nebensounds immer mit beeinflusst werden *[siehe Kapitel 15]*.

Die Mikrofonauswahl richtet sich nach dem aufzunehmenden Instrument. Nähere Erläuterungen wären zu umfangreich und würden vom Thema dieses Buches abschweifen. Wenn du es genauer wissen willst, dann schaue zum Beispiel in *„Mein erstes Tonstudio - Band II" Kapitel 6 und 7* nach.

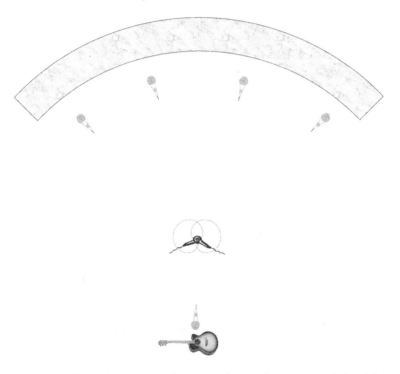

Wenn die Begleitung aus einem größeren Arrangement besteht und dann doch schon als **Playback** vorliegt, kannst du eine ähnliche Vorgehensweise wählen, nur dass anstatt des Instrumentes dort halt eine Monitorbox steht. Damit entfällt auch das Übersprechen in zumindest einer Richtung. Stelle das Playback nur so laut, dass es der Chor gerade hören kann, so dass das Übersprechen in die andere Richtung wenigstens im Rahmen bleibt. Übrigens kannst du auch so vorgehen, wenn es sich beim

5. Kleine Mikrofonkunde

gespielten Instrument um ein verkabeltes handelt und dieses dann ohne akustische Klangerzeugung aufgenommen wird (beispielsweise E-Piano oder Synthesizer).

Eine professionelle Variante, die ich hier nur erwähnen möchte, wäre ein Kopfhörermonitoring für alle Chormitglieder, was aber für Gelegenheitsproduzenten eher indiskutabel sein dürfte.

Manchmal finden Choraufnahmen in einem akustisch interessanten Raum statt (großer Konzertsaal, Kirche). Dann solltest du es nicht versäumen, diesen natürlichen Nachhall mit einzufangen. Zwar wird über das Hauptmikro sicher auch etwas vom diffusen **Raumklang** verewigt, aber mit Raummikros hast du auf jeden Fall Material, mit dem du später arbeiten kannst. Verwerfen und künstlichen Hall nehmen kannst du immer noch *[siehe Kapitel 19]*.

> ➢ Mikrofontyp: Kondensator
> ➢ Membrangröße: Klein- oder Großmembran
> ➢ Richtcharakteristik: Kugel oder Niere
> ➢ Aufstellung: Groß-AB einige Meter hinter dem Hauptmikro

Je nach Größe des Raumes kannst du mit deinen Mikros durchaus einen größeren Abstand zum Hauptmikrofon wählen. Ich würde dabei allerdings nicht über die Raummitte hinausgehen. Der Abstand der beiden Raummikros zueinander kann anderthalb bis zwei Meter betragen. Manchmal werden aber auch richtig breite Aufstellungen gewählt. Allerdings ist bei stärkerem Hinzumischen dieses Signals die Gefahr schon recht groß, dass das Ganze nicht mehr monokompatibel ist - selbst wenn du beim Hauptmikrofon beispielsweise mit XY gearbeitet hast.

Nicht so gut geeignet ist dieses Verfahren natürlich, wenn es sich um einen Live-Mitschnitt handelt. Es dürfte wohl kein Publikum auf der Welt geben, welches nicht durch verschiedene Arten von Nebengeräuschen mit auf den Aufnahmen landet (Husten, Räuspern, Klappern, Rascheln, Knistern, ...). Das hört man schon bei normaler Mikrofonie. Die Raummikros verstärken diesen

Effekt leider. Außerdem streuen diverse Handys mit ihren Einwahl-Geräuschen gern in nahegelegene Mikros ein.

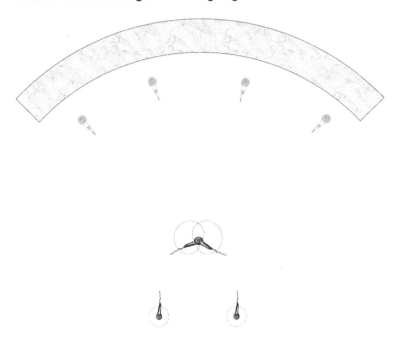

Ein letzter Sonderfall betrifft die Aufnahme von **doppelchöriger Literatur**. Dies ist mit Sicherheit keine Standardsituation, zumal solche anspruchsvolle Chorliteratur nicht von vielen Chören gearbeitet wird. Bei der Aufnahme kommt es darauf an, die Raumwirkung, die vom Komponisten bereits eingeplant wurde, mit zu verewigen. Dafür sollte bei der Choraufstellung bewusst eine Lücke zwischen Chor 1 und Chor 2 gelassen werden. Chor 1 steht dabei in klassischer Aufstellung S-A-T-B; Chor 2 spiegelverkehrt B-T-A-S. Damit wäre gleichzeitig wieder gegeben, dass die hohen Stimmen von der Seite und die Tiefen aus der Mitte kommen. Es kann ansonsten die gleiche Mikrofonierung genutzt werden, wie sie schon beschrieben wurde. Sollten die Chöre größer sein, ist es sinnvoll, für jeden Chor mit vier Stützmikros zu arbeiten. Für das Hauptmikrofon muss vor allem entschieden werden, wie wichtig die Ortbarkeit in diesem Fall ist. Das XY-

Verfahren wäre dafür sicher eine bessere Wahl *[siehe Kapitel 5.3.]*.

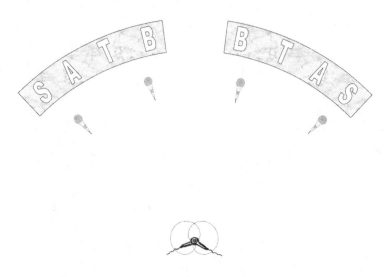

5.8. Kleine Materialliste

Durch die Beschreibungen der letzten Unterkapitel müsste dir so langsam klar geworden sein, was du an **Mikrofontechnik** benötigst. Im Grunde ist erst einmal unerheblich, ob das bereits vorhandene Technik ist oder ob ausgeliehen oder gekauft werden muss. Für Chöre, die öfter an Aufnahmen arbeiten wollen, ist manchmal die Anschaffung von ein wenig eigenem Equipment auf lange Sicht finanziell günstiger. Grundsätzlich gilt, dass billig häufig auch billig klingt. Andererseits kann man nicht gleich für jedes Mikro einen vierstelligen Betrag ausgeben. Der goldene Mittelweg: Nimm gute Technik, die sich gerade noch finanzieren lässt. Ganz interessant sind in diesem Zusammenhang die Eigenmarken diverser Musikhäuser. Beispielsweise kannst du beim Music Store oder bei thomann in ihren Marken Fame bzw. t.bone durchaus fündig werden. Lies bei der Produktwahl auf jeden Fall in der Fachpresse und bei Kundenbewertungen nach, ob das ausgewählte Mikro deinen Erwartungen entsprechen könnte.

Neben der Mikrofontechnik stehen noch einige andere An-
schaffungen ins Haus, die hier als Gedächtnisstütze in loser
Folge aufgelistet werden. Nur erwähnen möchte ich an dieser
Stelle, dass du natürlich immer genügend **XLR-Kabel** auf Vorrat
haben musst. Viele Mikros bedeuten eben auch viele Kabel.
Achte dabei ebenfalls auf die Kabellänge. Du musst von allen
Mikros aus dein Aufnahmegerät erreichen können. Und so am
Rande: Bei der Arbeit mit mehreren Mikros parallel empfinde ich
es als hilfreich, wenn die Mikrofonkabel durch Farbringe gekenn-
zeichnet sind. Das erspart so manche Grübelei. Ansonsten hilft
auch eine Beschriftung mit kleinen Klebebandfähnchen.

Zwar nicht übermäßig teuer, aber in ihrer eventuellen Vielzahl
dann doch preisintensiv sind die Anschaffungen von Zusatz-
materialien für die Mikrofonierung. Das geht los bei den **Stativen**,
die eine gewisse Stabilität mitbringen sollten und zum Teil auch in
unterschiedlichen Ausführungen bzw. Größen benötigt werden.

Die **Spinnen** sind bei besseren Mikrofonen häufig schon als
Standardzubehör dabei. Benutze dann möglichst auch immer die
zugehörige Spinne. Ist keine beigelegt, dann nimm eine gute
Universalspinne. Trotzdem muss ich ganz ehrlich sagen: Mir ist
immer nicht ganz wohl, wenn ich ein schweres Mikro ohne
Sicherungsnase kopfüber in einer Spinne mit lediglich einem
Klemmverschluss hängen habe - Verschraubungen geben da einfach mehr Sicherheit, auch wenn das Einsetzen des Mikros ein
paar Sekunden länger dauert.

Denke für Solomikros natürlich auch an den **Poppschutz**. In
manchen Musikhäusern kannst du beim Kauf eines Mikrofons
gegen einen geringen Aufpreis so ein Teil günstig erwerben.

Insbesondere für die ORTF-Anordnung und für Klein-AB ist eine
Stereo-Schiene ein nützliches Tool.

Abhängig von der jeweiligen Aufnahmesituation ergibt sich für
dich eine Materialliste, die so aussehen könnte:

Mikrofonierung	Mikrofone	Stative	Kabel	anderes
Hauptmikrofonie in XY, ORTF, AB	2x Kleinmembran-Kondensator Niere	2x (1x für ORTF, AB mit Schiene)	2x	evtl. Stereo-Schiene, 2x Spinne
Hauptmikrofonie in MS	1x Kleinmembran-Kondensator Acht/ 1x Kleinmembran-Kondensator Kugel	2x	2x	2x Spinne
Hauptmikrofonie in Blumlein	2x Kleinmembran-Kondensator Acht	2x	2x	2x Spinne
Hauptmikrofonie in AB, OSS	2x Kleinmembran-Kondensator Kugel	2x (oder 1x für AB mit Schiene)	2x	Jecklin-scheibe (bei OSS), evtl. Stereo-Schiene, 2x Spinne
zusätzliche Stützen	z.B. 4x Kleinmembran-Kondensator Niere	4x	4x	4x Spinne
zusätzlich Solo	z.B. 1x Großmembran-Kondensator Niere	1x	1x	1x Popp-schutz, 1x Spinne
zusätzlich Instrument	z.B. 1x Klein- oder Großmembran-Kondensator Niere	1x	1x	1x Spinne
zusätzlich Raummikros	2x Klein- oder Großmembran-Kondensator Niere oder Kugel	2x	2x (lang genug)	2x Spinne

Dazu noch einige ergänzende Fakten und Erklärungen:

> Das AB-Verfahren wurde an zwei Stellen angegeben, da Kugel- oder Nierenmikros möglich sind.
> Mit zwei Nierenmikros kannst du bereits drei Stereo-Verfahren abdecken.
> An manchen Mikrofonen kann die Richtcharakteristik umgeschaltet werden. Hast du zwei solche Mikros, kannst du alle angeführten Stereo-Verfahren bedienen.
> Für die Stützen reichen auch schon einfachere Mikrofone.
> Die Anzahl der Mikros bei Stützen, Soli und Instrumenten richtet sich nach der jeweiligen Aufnahmesituation und ist nur beispielhaft angegeben.

Und noch eine kleine Ergänzung: In manchen Fällen erweist sich  die Raumakustik als störend. In diesem Fall kann es sinnvoll sein, zumindest den rückwärtigen Schall, der trotz der Nierencharakteristik der Mikrofone auch in gewissen Anteilen mit eingefangen wird, etwas abzudämpfen. Dafür gibt es im Handel entsprechende **Absorber** (Mic Screens), die man hinter das Mikro stellen kann. Falls du so etwas benötigst, dann nimm nicht die großen halbkreisförmigen, sondern für unsere Zwecke einen kleinen flachen Absorber (siehe Abbildung - mit freundlicher Genehmigung der Firma Music Store).

6. Aufnahmen ohne PC

Mit den Mikrofonen haben wir das erste Glied der Signalkette geklärt. Als nächstes müssen wir schauen, wo wir mit unseren Signalen hinwollen. Im Grunde gibt es da sehr viele Möglichkeiten. Die Bandbreite reicht von althergebrachten Methoden bis zu modernsten Verfahren und eben auch von gut geeigneten bis zu eher schlechten Möglichkeiten. Nun will ich hier nicht großartig beschreiben, was wir alles nicht verwenden werden. Somit scheidet sowohl die gute alte Bandmaschine aus und andererseits auch ein in die Luft gehaltenes Smartphone. Im Wesentlichen werden wir uns um vier Varianten kümmern - drei ohne PC und im *nächsten Kapitel* dann eine PC-Aufnahme. Wohlgemerkt geht es hier immer noch lediglich um das Aufnehmen. Die anschließende Nachbereitung erfolgt in jedem Fall am PC, was dann *ab Kapitel 14* genauer beschrieben wird. Zu Beginn der einzelnen Erläuterungen wird jeweils eine Kurzeinschätzung abgegeben, aus der du bereits schlussfolgern kannst, ob das jeweilige Verfahren für dich geeignet ist.

[siehe Hörbeispiele auf www.andy-j.de: digitaler Mehrspur-Rekoder/ Handheld Recorder/ Mehrspur-Kompaktstudio]

6.1. Einfache Aufnahmen mit mobilen Rekordern

✓ ohne Vorkenntnisse machbar
✓ kompakte Bauweise (schnell aufzubauen)
✓ außer Stativ kein weiterer materieller Aufwand
✓ preiswert
✓ geeignet für Probenraum- und Livemitschnitte
✓ speichern auf handelsüblichen SD-Karten
○ mittlere Klangqualität auf Grund einfacher Mikrofone
○ Stereoverfahren nur bei wenigen Geräten flexibel
○ je nach Gerät nur mäßige Aussteuerungsmöglichkeiten
○ man muss an Ersatzbatterien denken
✗ meist keine Einzelspuren möglich (also keine Zusatzmikros)
✗ ungeeignet für hochwertige Produktion

Die Geräteklasse, von der wir hier sprechen, wird meist als **Handheld Recorder** bezeichnet. Diese vereinen Aufnahmegerät und mehrere Mikrofone in einem Gehäuse, welches zudem sehr handlich erscheint (siehe Abbildung - mit freundlicher Genehmigung der Firma Zoom). Im Grunde hast du nichts weiter zu tun, als das Gerät an einem geeigneten Punkt aufzustellen und die Aufnahme zu starten. Bei den meisten Geräten ist eine XY-Anordnung der internen Mikrofonkapseln eigentlich Standard *[siehe Kapitel 5.3.]*. Es gibt aber auch Geräte mit umschaltbarer Anordnung bzw. mit wechselbaren Mikro-Aufsätzen. Die Mikrofone selbst sind meist eine Sondergattung der Kondensatormikros. Es sind Elektret-Kondensatorkapseln, die keine zusätzliche Phantomspeisung benötigen und trotzdem die Klangeigenschaften normaler Kondensatormikrofone weitestgehend erreichen.

Gespeichert wird auf SD-Karten. Achte beim Kauf der Karten einerseits auf genügend Speicherplatz und andererseits auf eine nicht zu geringe Datentransferrate. Vor allem für das Auslesen der teilweise großen Dateien ist das in Bezug auf die Wartezeit relevant.

Neben dem optionalen Netzteil werden Handheld Recorder mit Batterien oder Akkus betrieben. Für einen kompletten Konzertmitschnitt solltest du überprüfen, ob die Laufzeit dafür auch reicht.

Fast alle Handheld Recorder haben praktischerweise an der Unterseite ein Gewinde, welches zu Fotostativen kompatibel ist. Diese sind selbst in stabiler Ausführung relativ preiswert zu haben. Und wo wir gerade über Geld reden - für Chormitschnitte brauchbare Geräte gibt es ab 100 € aufwärts. Dafür bekommst du sonst gerade mal ein einigermaßen verwendbares Mikrofon. Insgesamt hast du mit 150 bis 200 € für Handheld Recorder, Stativ und Speicherkarte eine komplette Aufnahmemöglichkeit, die für Mitschnitte aus dem Probenraum und für einfache Konzertaufzeichnungen geeignet ist. Nicht jedes Konzert soll schließlich auf CD landen, sondern man möchte vielleicht einfach als Chormitglied ein Andenken an ein tolles Konzert haben oder

6. Aufnahmen ohne PC

es werden verschiedene Aufnahmen für das choreigene Archiv gesammelt. Dafür kann man sich bei dem heutigen Stand der Technik eine aufwändige Mikrofonierung und Aufzeichnung sparen.

6.2. Aufnahmen mit hochwertigen Mehrspurgeräten

✓ relativ kompakte Bauweise
✓ speichern auf handelsüblichen SD-Karten
✓ für alle Arten der Aufnahme bis zu hochwertigen Produktionen geeignet
○ gewisse technische Vorkenntnisse notwendig
○ komplette Mikrofonierung möglich/nötig
○ zwar gute Aussteuerungsmöglichkeiten, die je nach Gerät aber nur umständlich zu handhaben sind
○ man muss an Ersatzbatterien denken
✗ teuer

Hochwertige Mehrspurgeräte sind quasi das andere Ende der preislichen Fahnenstange und damit für den Gelegenheitsproduzenten und Neueinsteiger in diese Materie eher nicht relevant. Deshalb werde ich auch nur kurz darauf eingehen.

Wenn wir von hochwertigen Geräten sprechen, geht es im Grunde um digitale **Mehrspur-Rekorder**. Dies sind kompakte Aufnahmegeräte, die im Normalfall vier bis acht Spuren gleichzeitig auf Speicherkarten aufzeichnen können. Preislich liegen sie je nach Ausstattung und Möglichkeiten zwischen 700 und 9000 €.

Grundsätzlich kann man mit diesen Geräten vieles machen, muss dies aber auch beherrschen, wie beispielsweise die richtige Mikrofonierung. Für einen einfachen Mitschnitt ist der technische und (im Kauf- oder Leihfall) finanzielle Aufwand eigentlich schon zu hoch.

6.3. Aufnahmen mit Mehrspur-Kompaktstudio

✓	relativ kompakte Bauweise
✓	gute Aussteuerungsmöglichkeiten
✓	viele Zusatzkomponenten in einem Gehäuse
✓	speichern auf handelsüblichen SD-Karten oder Festplatte
O	gewisse technische Vorkenntnisse notwendig
O	bei guter Qualität von Gerät und Mikros für alle Arten der Aufnahme bis zu hochwertigen Produktionen geeignet
O	komplette Mikrofonierung möglich/nötig
x	etwas teuer (Mikrofone mitgerechnet)

Damit sind wir beim goldenen Mittelweg - das **Mehrspur-Kompaktstudio** oder auch Ministudio bzw. Multitracker. Der „Mittelweg" drückt sich quasi schon beim Preis aus, denn der liegt im Normalfall zwischen 150 und 550 €. Meistens erinnert die Bauform der Geräte an ein Mischpult (siehe Abbildung - mit freundlicher Genehmigung der Firma Zoom).

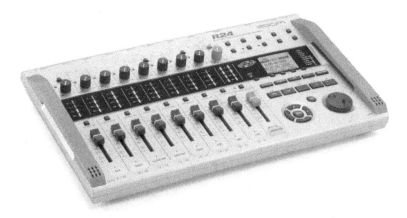

Mehrspur-Kompaktstudios sind für den Neueinsteiger recht gut geeignet. Der Preis hält sich je nach Gerät in Grenzen und die Möglichkeiten, die man dafür geboten bekommt, sind recht ansprechend. Natürlich sind ein wenig technische Vorkenntnisse von Vorteil, aber die Einarbeitung in die Gerätschaften geht meist relativ schnell.

6. Aufnahmen ohne PC

Je nach Ausführung enthalten die Ministudios eine Reihe zusätzlicher Möglichkeiten, die im Prinzip an Aufnahme- und Bearbeitungswege eines echten Studios oder einer Studio-Software angelehnt sind:

- ➤ Zunächst haben wir eine **Eingangssektion**. Diese umfasst die Anschlüsse für Mikros oder Instrumente in Form von Klinken- und XLR-Anschlüssen. Für den Anschluss von Kondensator-Mikros ist im Normalfall Phantomspeisung vorhanden. Achte hierbei aber darauf, ob alle benötigten Anschlüsse dafür ausgelegt sind.
- ➤ Zugriff auf die Eingangssektion bekommt man über ein **Mischpult** *[siehe Kapitel 11]*.
- ➤ Über das Mischpult erfolgt letztlich auch die eigentliche **Aufnahme** und das gleichzeitige oder anschließende **Abspielen**.
- ➤ Die aufgelaufenen Daten müssen irgendwo abgelegt werden. Bei kompakteren Geräten wird dafür meist eine **SD-Karte** verwendet. Größere Geräte nutzen durchaus auch eine interne **Festplatte**, die wie bei einem Notebook mit etwas Vorsicht behandelt werden sollte - zumindest, wenn das Gerät an ist.
- ➤ Für die Nachbearbeitung stehen verschiedene **Schnittfunktionen** und digitale **Marker** zur Verfügung *[siehe Kapitel 14]*.
- ➤ Weiterhin ist eine klangliche Nachbearbeitung möglich. Dafür gibt es oft eine umfassende **Effekt-Sektion**, die selbst für E-Gitarristen einiges zu bieten hat *[siehe Kapitel 18 und 19]*.

Wer also komplett auf einen Computer verzichten möchte, sei es aus materiellen Gründen oder weil man einfach nicht der Computer-Mensch ist, der kann mit einem Mehrspur-Kompaktstudio eine Menge erreichen. Die Klangqualität der meisten Geräte ist vernünftig. Wenn auch die Mikros eine gewisse Qualität haben, sind durchaus studiotaugliche Aufnahmen machbar. Aber auch für den Fall, dass mit solch einem Gerät nur aufgenommen werden soll und dann die weitere Bearbeitung im PC erfolgt, sind

Ministudios empfehlenswert. Ich selbst habe schon mehrfach so gearbeitet.

Ein wichtiger Punkt muss noch angesprochen werden. Bei Choraufnahmen sind wir ja darauf angewiesen, dass unser Aufnahmegerät eine **bestimmte Anzahl an Spuren gleichzeitig aufnehmen** kann. Recht werbewirksam werden oft in Gerätebezeichnungen und Überschriften diverser Produktbeschreibungen Spurzahlen angedeutet, die sich aber meist auf die simultane Abspielbarkeit beziehen! Beispielsweise trägt das Gerät auf dem Foto auf Seite 61 die Bezeichnung R24. Es können auch alle 24 vorhandenen Spuren gleichzeitig wiedergegeben werden. Für die Aufnahme allerdings stehen maximal acht Spuren gleichzeitig zur Verfügung, was für unsere Choraufnahme natürlich immer noch ausreicht (beispielsweise 2x Hauptmikro, 4x Stütze, 2x Raum). Das ist jetzt keine Kritik am abgebildeten Gerät, denn nach dem gerade beschriebenen Prinzip werden fast alle Kompaktstudios vermarktet. So kann es zum Beispiel sein, dass ein Gerät, welches als Achtspur-Maschine verkauft wird, nur zwei gleichzeitig aufnehmen kann. Spätestens dann nützt uns das für eine vernünftige Choraufnahme nichts mehr. Die Angabe der gleichzeitig aufnehmbaren Spuren findest du im Normalfall in der Produktbeschreibung oder den aufgelisteten technischen Daten. Einen weiteren Hinweis bekommst du, wenn du dir einfach mal die Anschlüsse anschaust. Ein Gerät mit zwei Eingängen wird wohl kaum achtspurig aufnehmen.

7. Aufnahmen mit PC

✓   je nach Software viele Bearbeitungsmöglichkeiten
✓   speichern auf der vorhandenen oder einer zusätzlichen Festplatte
✓   gute Bedienbarkeit
○   gewisse Computerkenntnisse notwendig
○   bei guter Qualität von Interface und Mikros für alle Arten der Aufnahme bis zu hochwertigen Produktionen geeignet
○   komplette Mikrofonierung möglich/nötig
○   produziert störenden Lärm, wenn der PC im Aufnahmeraum steht
○   Ausgaben für Interface und Mikrofone/ PC dagegen meist schon vorhanden
×   umständlich in der mobilen Handhabung, wenn es sich um einen Desktop-PC handelt

---

Vielleicht gibt es irgendwann Computer, die tatsächlich so funktionieren, wie der Nutzer es gern möchte. Bis dahin müssen wir wohl mit allen Macken, die die Computerwelt so bietet, einfach leben und das Bestmögliche daraus machen. Ich möchte hier auf keinen Fall Schwarzmalerei betreiben, aber jeder, der sich schon einigermaßen intensiv mit PCs auseinandergesetzt hat, weiß, wovon ich rede. Computer führen von Zeit zu Zeit ein Eigenleben. Selbst zwei PCs mit gleicher Hardware und völlig identischer Einrichtung werden dennoch in manchen Situationen unterschiedlich reagieren - mal ganz abgesehen von diversen Abstürzen, die einfach passieren, und zwar prinzipiell immer im falschen Moment.

Sollen wir deshalb nun auf PC-Technik verzichten? Nein - auf keinen Fall! Wir müssen uns nur darüber im Klaren sein, dass wir im Hinblick auf einen reibungslosen Einsatz beim Aufnehmen und Mischen alles tun müssen, um Störungen so gut wie möglich auszuschließen, denn wer möchte schon sein Windows neu aufsetzen, während einem der komplette Chor im Nacken sitzt?

Laut der Überschrift geht es eigentlich um das Aufnehmen, aber die Ausführungen dieses Kapitels gelten natürlich ebenso für den PC, der die Nachbearbeitung bewältigen soll.

7.1. Einige Grundsätze

Die nachfolgenden Erläuterungen beziehen sich hauptsächlich auf eine Optimierung der Hardware und des Betriebssystems. Dabei ist natürlich nichts als Vorschrift zu sehen, sondern eher als Ratgeber. Wenn du dabei bist, ernsthaft und intensiver in die Tonproduktion am PC einzusteigen, dann findest du vielleicht den einen oder anderen wertvollen Hinweis. Bist du eher der Ge-legenheitsproduzent, wirst du wahrscheinlich sowieso den PC nutzen, der schon vorhanden ist. Dann überspringe die ent-sprechenden Abschnitte oder lies sie informationshalber.

Insgesamt ist es für dich von Vorteil, wenn du mehr als nur reiner Computer-Anwender bist. Es werden von Zeit zu Zeit im Soft-warebereich einfach Anpassungen notwendig sein, für die du möglichst nicht jedes Mal eine andere Person bemühen musst. Noch besser ist es, wenn du auch im Hardwaresektor einiges selbst bewerkstelligen kannst. Im optimalsten Fall baust du dir deinen PC vielleicht sogar selbst zusammen, was heutzutage eigentlich kein Problem mehr darstellt, insofern du auf die Kompatibilität der Einzelkomponenten achtest. Ansonsten kannst du mit den entsprechenden Vorgaben natürlich auch den Computerhändler deines Vertrauens beauftragen. Dagegen nicht so sehr empfehlen würde ich eine Standard-Maschine vom Discounter. Die sind zwar preiswert und als Allround-PC richtig super und durchaus leistungsfähig. Aber sie sind eben für universelle Anwendungen ausgelegt, und uns geht es ja gerade darum, alle Schwächen dieser PCs zu umgehen. Im Übrigen stellt sich an dieser Stelle auch gleich die Frage, ob der vorhandene Familien-PC für ernsthafte Musikproduktionen geeignet ist. Das Problem an der Geschichte ist ganz einfach, dass wir für Musikanwendungen spezielle Voraussetzungen benötigen, die der Familien-PC selten bietet. Am besten verschieben wir diese Grundfrage mal auf das Ende des Kapitels, wo sich eine Antwort quasi von allein ergibt. Im Moment gehe ich einfach davon aus, dass es sich um einen separaten PC handelt. Weiterhin setze ich an dieser Stelle voraus, dass ein Desktop-PC genutzt wird, auch wenn Notebooks und Tablet-PCs inzwischen eine Menge leisten können und besonders in Bezug auf die Mobilität beim Auf-nehmen klare Vorteile haben.

Eine weitere Grundfrage ist, ob der PC am Internet hängt oder nicht. Ja - richtig gelesen. Ich habe schon Studio-PCs gesehen, die nicht vernetzt waren. Das hat natürlich Vor- und Nachteile. Ohne Internet ist beispielsweise die Infektionsgefahr sehr gering und du musst eigentlich nur auf fremde USB-Sticks und externe Festplatten aufpassen. Somit sparst du dir auch die überwiegen-den Teile der Schutzsoftware, die häufig eine der größten Leistungsbremsen im System ist. Auf der anderen Seite brauchst du aber auch auf solchen Rechnern schon mal das Internet, zum Beispiel für Updates, zum Aktivieren der Software oder halt zum Senden und Empfangen von Soundmaterial. Solange du nicht ständig am Surfen bist, bietet sich als Kompromisslösung an, eine zeitweise Internet-Anbindung einzurichten. Wird diese längere Zeit nicht benötigt, kappst du die Leitung, und damit meine ich wirklich die physische Trennung. Zusätzlich fährst du die vorher definierten Teile der Schutzsoftware runter, auf die man ohne Netz verzichten kann. Es muss eigentlich nur die Datenträger- und Programmkontrolle übrig bleiben.

Um noch ein wenig mehr Leistung herauszukitzeln, solltest du auch alle unnützen Vorgänge abschalten. Du musst dich fragen, ob jedes Fenster und Menü animiert sein muss. Es gibt einige Software-Tools (auch kostenlos), die dir helfen, alle laufenden Hintergrund-Prozesse erst einmal zu erkennen und eventuell abzuschalten oder zu deinstallieren.

7.2. Allgemeine Ausstattung

Zu einem Musik-PC gehört natürlich erst einmal alles, was ein normaler PC auch haben muss. Sicher wirst du beim Kauf darauf achten, dass der (am besten von Intel stammende) **Prozessor** nicht zu lahm und der **Arbeitsspeicher** nicht zu klein ist. Auch bei der **Festplatte** bist du besser beraten, wenn du zu einem Modell mit 7.200 u/min greifst.

Im Bereich der **Grafikkarte** muss es nicht der teuerste Schnick-schnack sein. Du solltest lediglich aufpassen, dass du mehrere Monitore anschließen kannst, was aber heutzutage fast Standard ist.

Es gibt aber ein grundlegendes Problem, welches du beim Kauf auf jeden Fall berücksichtigen musst: PCs machen Krach! Und wenn du einen Chor in dem Raum aufnehmen möchtest, wo auch der PC steht, kannst du unverfälschte Aufnahmen quasi vergessen, da der PC ständig mit seinem Geräuschteppich einstreut. Also musst du alles tun, was sich bietet, um dieses Problem zu umgehen. Klar, am einfachsten wäre es, den PC im Nebenraum aufzustellen. Nicht immer hat man aber diese Möglichkeit. In diesem Fall musst du dafür sorgen, dass der PC so wenig wie möglich Lärm macht (mal abgesehen von einer Aufstellung möglichst weit weg von den Mikros).

Im Bereich von Prozessor, Grafikkarte und eventuell auch Netzteil solltest du auf eine propellerlose Passivkühlung setzen, denn die kleinen Ventilatoren produzieren schon mal einen gehörigen Anteil der gesamten Arbeitsgeräusche. Die Abwärme kann dann über einen langsam laufenden großen Ventilator aus dem Ge-häuse transportiert werden.

Manche Anwender schwören auf ein komplett geräusch-gedämmtes PC-Gehäuse. Falls du an diese Variante denkst, dann hole dir lieber professionellen Rat oder lass gleich den PC in ein gedämmtes Gehäuse verbauen. Nachträgliche Dämmung bringt meist nicht so viel und kann in Bezug auf die Wärme-ableitung für einige Bauteile auch gefährlich sein.

Was ebenso Krach verursacht, sind die Festplatten, und zwar sowohl der durchgehend laufende Antrieb als auch der Schreib-Lesekopf bei entsprechenden Zugriffen. Eine stille Alternative stellen die inzwischen nicht mehr so teuren SSDs (Solid State Drive) dar, welche immer öfter die herkömmlichen Festplatten ablösen.

7.3. Ausstattung für Recording-Zwecke

Neben den oben beschriebenen Dingen brauchen wir für Studio-zwecke natürlich im Soundbereich eine Ausstattung, die weit über den üblichen Standard hinausgeht. So kannst du bei der Audio-Anbindung natürlich nicht die allerletzte **Soundkarte** nehmen. Ich für meinen Teil bevorzuge externe Lösungen, die über USB oder per Firewire am Computer hängen. Damit schaffst du dir auch das Problem vom Hals, dass das PC-Netzteil oder andere Komponenten Störsignale einstreuen. Außerdem sind externe Geräte universeller einsetzbar. Während sich die Form der Steckkarte auf der PC-Platine vielleicht schon mehrfach verändert hat, passt ein USB-Stecker immer noch an den nächsten PC. Aber auch der mobile Einsatz beispielsweise am Notebook ist denkbar und somit ohne Aufwand und weitere Kosten realisierbar. Falls du dich trotzdem für eine interne Soundkarte entscheidest, dann sorge wenigstens dafür, dass sie weit weg ist von Grafikkarte und Netzteil als die häufigsten Verursacher von Störgeräuschen.

Wenn du mit dem PC den Chor nicht nur abmischen, sondern auch aufnehmen willst, ist wie auch beim Mehrspur-Kompakt-studio *[siehe Kapitel 6.3.]* bei der Soundkarte die Anzahl der Eingangskanäle entscheidend. Dafür solltest du wissen, dass es nur wenige interne Modelle gibt, die ausreichende Eingänge anbieten. Auch in dieser Hinsicht punkten also eher die externen Lösungen. Man spricht dann auch nicht mehr von Soundkarte, sondern vom **Audio-Interface**. Diese gibt es in unterschiedlichen Größen und mit einfacher bis komfortabler Ausstattung. Es sollte möglichst ein Regler für den Monitorausgang und eventuell für den Kopfhörer vorhanden sein. Auf der Eingangsseite sollten die Anschlüsse auch ausdrücklich für Mikrofone ausgelegt sein und Phantomspeisung anbieten.

Unabhängig vom Modell (also intern oder extern) solltest du bei den Parametern auf die **Latenz** achten. Das ist die technisch bedingte Verzögerung bei Ein- und Ausgabeprozessen. Diese sollte möglichst unter 10 ms liegen. Schaue am besten in Test- und Messberichten nach.

Nach den in diesem Kapitel gemachten Erläuterungen kannst du dir nun selbst ein Bild davon machen, inwieweit ein Familien-PC für deine Vorhaben geeignet ist. Zwar setzt man unabhängig vom Einsatzzweck eigentlich immer auf einen schnellen Prozessor und genügend Arbeitsspeicher. Aber im Bereich Grafik und Sound gehen die Bedürfnisse halt auseinander, wie man nachfolgend (natürlich etwas pauschalisiert) auch erkennen kann:

PC-Nutzung	Prozessor	RAM	Grafikkarte	Soundkarte
allgemein	schnell	viel	einfach	einfach
Spiele	schnell	viel	schnell	einfach
Musikproduktion	schnell	viel	einfach/ 2 Anschlüsse	High End/ Mehrkanal
Videoproduktion	schnell	viel	schnell/ 2 Anschlüsse	gut

Und um letztlich den Bogen zum Beginn des Kapitels zu schließen: Ein separater PC, auf dem nur wenige Programme als ständiger Standard laufen, ist meist wesentlich stabiler. So hat auch Windows weniger die Chance, sich zuzumüllen.

Unabhängig von den Anforderungen an den PC benötigst du natürlich noch eine entsprechende Software, in welcher die eigentliche Produktion stattfindet. Erläuterungen dazu werden dir im *Kapitel 10* gegeben.

8. Akustische Rückkontrolle

Sowohl für den Aufnahmeprozess als auch für die Nachbearbeitung musst du das Soundmaterial natürlich auf irgendeine Art und Weise anhören können. So logisch und selbstverständlich, wie diese Aussage klingt, ist die Sache nicht einmal, denn die Fallen lauern im Detail. Bevor wir uns aber zu dem großen Gebiet des **Monitorings** Gedanken machen, beschreibe ich kurz den Bereich, der am einfachsten zu realisieren ist. Hier geht es weniger um Monitoring, sondern eher um das, was auch als **Talkback** bezeichnet wird. Vor allem, wenn du dich mit der Aufnahmetechnik in einem anderen Raum als der Chor befindest, ist problemlose Kommunikation wichtig. Du kannst über die Aufnahmeanlage zwar den Chor oder den Chorleiter hören, aber sie dich nicht. Deshalb brauchst du für diesen Fall eine technische Möglichkeit, um mit dem Chor reden zu können. Gleichzeitig ist es so möglich, Ausschnitte aus den Rohaufnahmen vorzuspielen. Wenn deine verwendete Technik keine Talkback-Funktion hat, kannst du dir mit einem einfachen Mikro und ein paar simplen Boxen behelfen (am besten Aktivboxen - dann brauchst du nicht noch einen Verstärker).

Das eigentliche Monitoring beschäftigt sich mit der Abhörmöglichkeit beim Aufnehmen und Mischen. Bei der Aufnahme ist natürlich entscheidend, ob du dich mit deiner Technik im gleichen Raum befindest oder nicht. Es ist klar, dass du direkt neben oder vor dem Chor nur noch mit Kopfhörer arbeiten kannst. Hältst du dich dagegen in einem separaten Regieraum auf, eröffnen sich dir mehrere Möglichkeiten.

Beim späteren Nachbearbeiten sind in jedem Fall richtige Monitor-Boxen die beste Wahl. Warum hier HiFi-Anlage oder Kopfhörer weniger gute Dienste leisten und nur in bestimmten Fällen etwas taugen, wird in den anschließenden Unterkapiteln noch ausführlich erklärt.

Situation	Kopfhörer	HiFi-Anlage	Monitorboxen
Aufnahme im gleichen Raum	✓	✗	✗
Aufnahme im separaten Regieraum	✓	○	✓
Mischen/ Schneiden	○	○	✓
Detail-bearbeitung	✓	✗	✓

✓ gute Lösung
○ als Kompromiss sicher machbar
✗ kannst du im Grunde vergessen

Wenn du dabei bist, dir ein Heimstudio einzurichten, kommt dir nach der Anschaffung von Studio-PC nebst Software dein Geldbeutel wahrscheinlich schon ziemlich schmal vor. Demnach wirst du dich sicher schwer tun mit der Anschaffung einer großen Studioabhöre, weil du den Sinn dahinter einfach nicht nachvollziehen kannst. Und da deine hochmoderne HiFi-Anlage bisher jeden Sound-Puristen beeindruckt hat und du den Klang spielend beurteilen kannst, meinst du vielleicht, dass du auf Monitor-Boxen verzichten könntest. Ich sage dir gleich: Das kannst du maximal vergessen! Zum Produzieren und Abhören gehört nun mal eine lineare (also neutrale) Abhörsituation, die man sich mit zwei Voraussetzungen schafft: Du brauchst einmal eine entsprechende Raumakustik *[siehe „Mein erstes Tonstudio - Band I" Kapitel 2.1.]*. Andererseits benötigst du eben die richtige Lautsprechertechnik, und wenn du in diesem Fall auf **Nahfeldmonitore** zurückgreifst, muss das Ganze weder übermäßig teuer noch zu voluminös sein. Fachzeitschriften bieten zu diesem Thema ständig Test- und Messberichte für die aktuellsten Modellen an.

Trotzdem noch einmal ein paar Worte zum Abhören über **HiFi-Anlage**. Sagen wir mal so - als Notbehelf kommst du damit schon mal ein Stück weiter. Voraussetzung ist, dass die Anlage einigermaßen vernünftig klingt und entsprechend eingepegelt ist. Da du ja weißt, wie CDs, die deinen Soundvorstellungen entsprechen, auf dieser Anlage klingen, kannst du nun versuchen, dich diesem

Klangbild anzunähern. Wie gesagt - zur Not geht das sicher, optimal ist es aber auf keinen Fall, und auf diesem Weg abgemischtes Material würde ich nicht unbedingt auf die Öffentlichkeit loslassen, denn jede HiFi-Anlage betreibt im Grunde akustische Schönfärberei, die wir im Studio, wo wir eben auf der Suche nach klanglichen Unzulänglichkeiten sind, nicht gebrauchen können. (Aber: Selbst manche großen Studios hören sich ihre Produktionen auch mal auf solch einer Anlage oder auch nur über ein Küchenradio an - dann aber nur zur Beurteilung des Sounds, wie er bei der „Allgemeinheit" oder in mono ankommt.)

Wenn also doch der Kauf von Monitoren ins Haus steht, solltest du mehrere Modelle zur Probe hören. Im Idealfall gestattet dir dein Händler einen Testlauf in deiner Studioumgebung. Wenn du dann die Boxen deiner Wahl hast, plane auch eine Anlernphase mit ein, in der du nicht nur Eigenes, sondern vor allem dir bekannte gute Fremdmischungen hörst.

Wie schon erwähnt, kannst du ja zusätzlich mal auf deiner HiFi-Anlage nachhören, ob der Sound deinen Vorstellungen entspricht. Falls du noch zwei ausrangierte **PC-Boxen** hast (also diese kleinen passiven mit Mini-Klinkenstecker), dann höre dir deine Mischung auch mal darüber an. Wenn du es jetzt noch schaffst, dass der Sound bei allen drei Abhörwegen in Ordnung ist, dann sollte er wohl auch der Allgemeinheit genügen.

Das Abhören selbst sollte mit nicht zu großer **Lautstärke** passieren. Mal abgesehen davon, dass dir dein Gehör dafür in Jahrzehnten noch dankbar sein wird, ermüdet es leider im Laufe einer Mixsession - und das passiert bei großer Lautstärke wesentlich schneller. Außerdem wirkt ein zu lauter Abhörpegel häufig kaschierend. Es werden so manche Unzulänglichkeiten des Mixes überdeckt und du hörst dir das Ganze einfach schön. In der Praxis bewährt hat sich ein Pegel zwischen 80 und 86 dB, was ein Stück über der sogenannten Zimmerlautstärke liegt. Zur Kontrolle habe ich selbst ein einfaches Pegelmessgerät für 25 Euronen zwischen meinen Monitorboxen hängen.

8.1. Monitor-Typen

Wie schon oben erwähnt, kommen für dich wahrscheinlich am ehesten Nahfeldmonitore (Nearfield) in Frage. Generell solltest du gerade für ein kleineres Studio nicht unbedingt zu große Boxen wählen. Die Lautsprecher aus dem Bereich Midfield haben alle eine Membran von mindestens acht Zoll und brauchen für die richtige Soundentwicklung einen größeren Hörabstand, den du platzmäßig vielleicht gar nicht hast. Zudem spielt mit größerem Abstand auch die Raumakustik eine verstärkte Rolle. Bei Nahfeldmonitoren kannst und solltest du den Raumeinfluss sicher nicht vernachlässigen, aber da der Sound viel direkter deine Ohren erreicht, werden kleinere Akustikprobleme überdeckt.

Einige Studioleute empfinden es als Nachteil, dass Nahfeldmonitore zu wenig Fundament im Bassbereich liefern. Eigentlich muss es nicht mal ein Nachteil sein, denn so werden die feinen Nuancen der Mitten und Höhen viel besser gehört. Allerdings wirkt es manchmal eben auch irritierend, wenn man den Bassbereich nur zum Teil hört. Als Alternative kannst du das Boxenpaar meist mit einem **Subwoofer** erweitern. Wenn du zu dieser Variante greifst, dann solltest du zwei Dinge beachten:

➤ Kaufe nur einen Subwoofer, der ausdrücklich für das entsprechende Boxenpaar gedacht ist. Ansonsten richtest du höchstwahrscheinlich eher klanglichen Schaden an.
➤ Nimm einen Subwoofer, der abschaltbar ist. Damit meine ich nicht den Netzschalter, sondern eine Mute-Schaltung, die den Subwoofer verstummen lässt und die Gesamtfrequenzen dann wieder auf die Monitore schickt. Damit kannst du den Klang in beiden Abhörsituationen beurteilen. Ich habe den zugehörigen Fußschalter gleich mit am PC-Platz liegen, um auch während des Hörens umschalten zu können.

Monitore unterscheidet man auch nach **aktiv** und **passiv**. Passive Boxen haben so wie HiFi-Boxen keinen eigenen Verstärker. Das heißt, du bräuchtest zur Ansteuerung eine separate

Endstufe, die natürlich zu den Boxen genau passen muss. Ich will das an dieser Stelle gar nicht weiter vertiefen, da ich dir sowieso zu aktiven Boxen rate. Diese haben für jeden Frequenzweg bereits eine abgestimmte Endstufe im Gehäuse integriert. Das bringt neben einer guten Qualität auch eine problemlosere Handhabung mit sich. Du kannst den Monitorausgang deines Mischpultes oder den Line-Ausgang deiner Soundkarte oder des Interfaces also direkt mit den Boxen verkabeln. Lediglich einen Stromanschluss für jede Box musst du wegen der Endstufe natürlich einplanen.

8.2. Aufstellung

Für die Aufstellung der Monitore gibt es einige Faktoren zu beachten. Zunächst solltest du deine **Abhörposition** so planen, dass sie sich nicht genau in der Raummitte (Breite + Tiefe) befindet. In der Breite gesehen macht die Mitte schon Sinn, um von beiden Seiten ungefähr die gleichen Wandreflexionen zu erhalten. Sitzt du dann aber auch noch mittig, was die Raumtiefe anbelangt, könntest du akustische Probleme mit eventuellen Raumresonanzen bekommen.

Wenn du nun also deine Hörposition gefunden hast, geht es an das sinnvolle Aufstellen der Boxen. Dabei sind einige Grundsätze zu beachten:

> ➤ Die Aufstellung darf **nicht in Raumecken** vorgenommen werden, da es dort zu einer Überbetonung des Bassbereiches kommt.
> ➤ Der **Abstand zur Wand** sollte wenigstens 50 cm betragen.
> ➤ Die beiden Boxen und ein gedachter Punkt zwischen deinen Ohren sollen ein **gleichseitiges Dreieck** ergeben.
> ➤ Die Kantenlänge dieses Dreieckes beträgt bei Nahfeldmonitoren normalerweise **1 bis 1,5 m**. Schaue auf eventuelle Angaben des Herstellers.
> ➤ Die **Ausrichtung** der Lautsprecher muss in Richtung Hörposition erfolgen.

> ➤ Vor allem die Hochtöner sollten sich **in Höhe der Ohren** befinden. Achte in dem Zusammenhang auch darauf, dass manche Boxen nicht für den seitlich liegenden Betrieb geeignet sind (akustisch gesehen). Auch hier solltest du die Hinweise des Herstellers beachten.

> ➤ Für zusätzliche **Entkopplung** gegenüber dem Untergrund kannst du die Monitore auf ein weiches Material stellen.

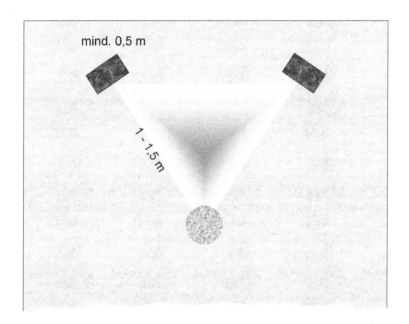

8.3. Kopfhörer

Du findest das bis hier alles zu kompliziert? Vielleicht sagst du dir ja auch: „Ich hab da ganz tolle Kopfhörer. Die brauch ich nur anzustöpseln; mich stört niemand; ich störe niemanden; der Raumeinfluss kann mir so was von egal sein. Und außerdem klingt alles dermaßen transparent, so dass ich jeden Missklang sofort aufspüren kann." Was soll ich nun dazu sagen? Im Prinzip hättest du mit all diesen Argumenten recht. Leider sind das aber nur die Vorteile, die ein Kopfhörer so bieten kann. Für das Studio sind aber auch einige der **Nachteile** durchaus relevant.

> ➤ Ähnlich wie HiFi-Lautsprecher sind Kopfhörer nur **selten klangneutral**. Meist ist vor allem durch die direkte Beschallung der Ohren der Bassbereich etwas überbetont.
> ➤ Über Kopfhörer bekommst du einen **falschen Stereoeindruck**. Das Klangbild entsteht nicht von links nach rechts vor dir, sondern zwischen deinen Ohren - man spricht von der In-Kopf-Ortung, die keiner natürlichen Wahrnehmung gleichkommt.
> ➤ Kopfhörer schicken auf jedes Ohr genau den Klang des jeweiligen Kanals. Diese **Kanaltrennung** entspricht aber nicht der Lautsprecherwiedergabe, wo beispielsweise das linke Ohr auch Schall aus der rechten Box wahrnimmt.

Wie du siehst, kann ein Kopfhörer auf keinen Fall als Ersatz für Monitor-Boxen dienen. Trotzdem sollte ein guter Studiokopfhörer mit zu deinem Inventar gehören, denn es gibt durchaus Arbeitsprozesse, wo ein Kopfhörer zwar nicht zwingend notwendig, aber überaus hilfreich ist. Das betrifft einerseits das Schneiden von kritischem Material, wo über Kopfhörer besser auszumachen ist, ob es auch wirklich keine Knackser gibt und der Übergang anbietbar ist *[siehe Kapitel 14.3.]*. Auch bei der (hoffentlich nur selten notwendigen) Entfernung von Nebengeräuschen ist genaues Hinhören gefragt *[siehe Kapitel 20.2.]*.

Die Auswahl an Kopfhörern ist sehr groß. Vor allem müsstest du dich von der Bauform her entscheiden, was du brauchst. Die Stöpsel diverser Smartphones lassen wir mal außen vor. Ansonsten stehst du beispielsweise vor der Frage, ob es ein geschlossener, halboffener oder offener Kopfhörer sein soll. Wenn du nur die Anschaffung eines einzigen Kopfhörers planst, dann sollte es ein geschlossener sein, denn bei der Aufnahme kannst du die anderen Bauformen nur bedingt gebrauchen. Zumindest wenn du diese im Aufnahmeraum trägst, hört man das unter Umständen auf der Aufnahme. Achte auf einen möglichst linearen Frequenzgang, aber auch auf guten Tragekomfort. Das Kabel sollte einerseits robust sein und sich andererseits per Steckkontakt von den Hörermuscheln abstecken lassen. Auch abnehmbare Ohrpolster sind sinnvoll. Du kannst davon ausgehen, dass bei einem guten Modell nach Jahren das Kabel oder die Ohrpolster kaputt sind, bevor der eigentliche Hörer seinen Geist mal aufgibt. Dann wäre es ziemlich blöd, den ganzen Kopfhörer austauschen zu müssen. Ich hatte mir als Einsteiger vor inzwischen fast 25 Jahren einen guten Kopfhörer geleistet und gleich als Ersatz zwei Paar frische Ohrpolster und ein Ersatzkabel mit zugelegt. Den Kopfhörer habe ich noch immer im Einsatz. Allerdings sind meine Ersatzteile inzwischen aufgebraucht.

Von der finanziellen Seite musst du dich mit dem Gedanken anfreunden, dass jeder vernünftige Kopfhörer mit einem dreistelligen Betrag zu Buche schlägt.

9. Überblick zur technischen Ausrüstung

An sich ist die technische Ausrüstung, die du für eine ordentliche Choraufnahme benötigst, relativ überschaubar. Wenn du allerdings kompletter Neueinsteiger bist und quasi noch alles benötigst, kommt schon so einiges zusammen. Aber wie an anderer Stelle schon erwähnt wurde, musst du nicht gleich alles selbst besitzen.

Damit wir den Überblick nicht verlieren, fasse ich kurz zusammen, was wir laut den Beschreibungen der letzten Kapitel bereits benötigen. Das ist gleichzeitig wie eine kleine Checkliste, die du überprüfen solltest, bevor du zur Aufnahme losziehst.

▶ für die Choraufstellung *[siehe Kapitel 4]*:

➢ Bandmaß oder Zollstock
➢ Gaffa Tape

▶ Mikrofone und Zubehör *[siehe Kapitel 5]*:

➢ Kondensator-Mikrofone
➢ Spinnen
➢ Stative
➢ XLR-Kabel
➢ evtl. Poppschutz
➢ evtl. Stereo-Schiene
➢ evtl. Jecklin-Scheibe
➢ evtl. Absorber (Mic Screen)

▶ Aufnahmegerätschaften *[siehe Kapitel 6 und 7]*:

➢ mobiler Rekorder
➢ Stativ
➢ SD-Karte
➢ Batterien

oder:

- ➤ digitaler Mehrspur-Rekorder
- ➤ SD-Karte
- ➤ Batterien

oder:

- ➤ Mehrspur-Kompaktstudio
- ➤ SD-Karte
- ➤ Batterien bzw. Netzteil

oder/und (spätestens beim Mischen):

- ➤ PC
- ➤ Audio-Interface mit Anschluss-Kabel
- ➤ evtl. Netzteil
- ➤ Studio-Software *[siehe Kapitel 10]*

▶ Monitoring *[siehe Kapitel 8]*:

- ➤ Kopfhörer
- ➤ Nahfeldmonitore (spätestens beim Mischen)

10. Recording-Software

Wenn du die Musikproduktion mit dem PC angehen möchtest, sei es nur in der Nachbearbeitung oder aber für die komplette Produktion, dann brauchst du natürlich eine entsprechend leistungsfähige Software. Der Markt dafür ist heute sehr breit und auch bezahlbare Software ist inzwischen sehr umfangreich ausgestattet, so dass damit quasi ein ganzes Tonstudio mit seinen vielen Komponenten simuliert wird.

Recording-Programme (auch Audio Sequenzer oder DAW für Digital Audio Workstation) gibt es vom zweistelligen bis vierstelligen Eurobereich. Falls du noch kein entsprechendes Programm besitzt und die Anschaffung planst, dann lasse dir nicht das erstbeste aufschwatzen. Informiere dich über Möglichkeiten und Funktionen der jeweiligen Software; lies Testberichte; sei ruhig etwas großzügiger - auch zunächst unbekannte Funktionen oder auf den ersten Blick unerreichbare Kapazitätsgrenzen können im Laufe der Zeit mal sinnvoll werden. Und nebenbei: Es müssen nicht unbedingt immer die Platzhirsche der Branche sein. Ich selbst arbeite seit 1995 durchgängig mit Samplitude. Bei diesem Programm hat eine kleine Softwareschmiede aus Dresden quasi im Schatten der Großen eine Software entwickelt, die teilweise umfangreicher und den anderen auf manchen Gebieten einen Schritt voraus ist. Schade, dass trotz guter Testberichte der Bekanntheitsgrad auch nach so vielen Jahren nur langsam steigt. Mir jedenfalls würde es nicht im Ansatz einfallen, jemals zu wechseln. Wie in meinem Buch „Im Tonstudio mit Samplitude" auch dargestellt wird, gibt es das Programm mit verschiedener Ausstattung zu unterschiedlichen Preisen. Die einfachste Version (Samplitude Music Studio) ist für unter 100 € zu haben und kann eigentlich alles, was du für eine Chorproduktion brauchst.

Wenn es in diesem und den folgenden Kapiteln um Software-funktionen geht, werde ich mich auf Samplitude beziehen. (Die Bildschirmfotos in den Kapiteln 10 bis 20 stammen mit freundlicher Genehmigung der Firma Magix aus Samplitude.) Falls du eine andere Software nutzt, sollten aber die Beschreibungen entsprechend übertragbar sein. Wenn du doch etwas nicht finden solltest, schaue einfach mal ins Handbuch oder benutze die Hilfe-Funktion. Bedenke auch, dass die vorliegenden Kapitel keine umfassende Beschreibung von Audio Workstations abgeben können. Es werden die wichtigsten Funktionen angesprochen, so dass du durchstarten kannst. Die Feinheiten vieler Untermenüs entdeckst du dann nebenbei beim Arbeiten und kannst dann immer noch den Griff zum Handbuch wagen.

Damit du als Neueinsteiger ein paar Anhaltspunkte hast, gebe ich dir nachfolgend eine Auflistung mit den wichtigsten Parametern, auf die du bei der Wahl der Software achten solltest:

> Spuranzahl: nur für Choraufnahmen wenigstens 16/ für andere Anwendung der Software gern auch mehr
> virtuelle Bearbeitung des Sound-Materials *[siehe Kapitel 10.4.]*
> wenigstens 24 Bit Auflösung (besser 32 Bit Float) *[siehe Kapitel 10.1.]*
> interne (also mitgelieferte) Grundausstattung an Effekten *[siehe Kapitel 19]*
> als PlugIn-Schnittstelle wenigstens VST/ eventuell zusätzlich auch DirectX und ReWire
> Multi-Monitor-fähig *[siehe Kapitel 7.2. und 12.3.]*
> Bedienung, die dir von der Arbeitsweise her gefällt (ausprobieren!)

Wenn du später die *Kapitel 11 bis 20* liest, bekommst du eben-falls einige Hinweise darauf, welche Funktionen sinnvoll bis zwingend notwendig sind. Zunächst schauen wir einmal darauf, wie Recording-Programme aufgebaut sind und wie sie in ihren Grundfunktionen arbeiten.

Der Begriff der Tonspuren stammt noch aus den Zeiten analoger Bandmaschinen. Auf dem Band befanden sich mehrere Magnet-pfade oder Spuren oder **Tracks** nebeneinander. Diese konnte man zeitgleich abspielen, nachdem man sie entweder auch gleichzeitig oder nacheinander mit Einzelmaterial bespielt hatte. Die Anzahl der parallelen Spuren wurde quasi durch die Ton-bandbreite und die zugehörige Bandmaschine begrenzt. Heute sieht das Ganze doch großzügiger aus. Viele Audio-Sequenzer können mit einer großen Spurzahl umgehen. Die Grenze setzt hier meist eher die Computerplattform, wenn der Prozessor an seine Leistungsgrenzen gefahren wird oder die zu geringe Lesegeschwindigkeit der Festplatte zu Aussetzern führt.

10.1. Sinnvolle Grundeinstellungen

Für die Kommunikation deiner Recording-Software mit der

Soundkarte oder dem Interface ist der richtige **Treiber** notwendig. Greife hier möglichst nicht auf interne Windows-Treiber zurück, sondern mache dir die nur kleine Mühe, den mitgelieferten oder ladbaren Treiber zu installieren, welcher auf deine Recording-Hardware zugeschnitten ist und entsprechend zuverlässig laufen sollte. Das müsste im Normalfall ein ASIO-Treiber sein, der in seinem Namen die Bezeichnung der Soundkarte mit enthält (siehe Abbildung).

Nach der Wahl des Treibers wird dir die eingestellte Puffergröße und Bitbreite angezeigt [s.u.]. Außerdem erfährst du etwas über die Ausgangs- und Eingangslatenzen [siehe Kapitel 7.3.]. Wenn diese Werte zu hoch sind (über 10 ms), dann solltest du an den Puffereinstellungen etwas verändern [s.u.].

Für die Wahl der **Bitbreite** stehen dir meist mehrere Optionen zur Verfügung (siehe Abbildung oben). Die Bitbreite einer CD liegt bei 16 Bit. Allerdings wird bei den meisten Produktionen mit 24 Bit gearbeitet, was einen größeren Dynamikumfang bedeutet. Noch besser sind 32 Bit Float. Dieses Format ist übersteuerungssicherer und in leisen Passagen rauschärmer. Allerdings brauchst du natürlich auch mehr Festplattenkapazität. Bei Verwendung von

24 oder 32 Bit wird erst im letzten Schritt vor der CD-Pressung auf 16 Bit runtergerechnet *[siehe Kapitel 20.4.]*.

Die Einstellung verschiedener **Puffer** kannst du so lange in Ruhe

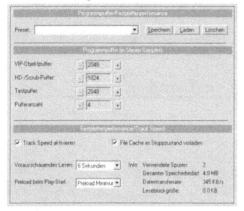

lassen, wie es keine Abspielprobleme gibt. Zeigen sich aber Aussetzer und Knackser, muss optimiert werden. Vor allem der Puffer für das virtuelle Arbeiten sollte dann erhöht werden. Auch die Pufferanzahl lässt sich eventuell steigern. Die Erhöhung der Abspielsicherheit erkauft man sich aber leider mit verlängerten Reaktionszeiten. Also ist beliebiges Erhöhen auch nicht unbedingt gut. Da die Einstellungen sehr vom Zusammenspiel einiger Hardwarekomponenten und der Software abhängig sind, lassen sich hier keine Pauschalangaben machen. Erhöhe einfach schrittweise und finde einen guten Kompromiss zwischen Stabilität und Reaktion.

10.2. Das Spur-Fenster

Die Track-Ansicht ist im Prinzip als Hauptfenster der Software zu sehen. Hier nehmen wir auf, spielen ab, schneiden, mischen manchmal auch ansatzweise und arbeiten eventuell mit Effekten. Dabei hat die Software gegenüber einer Bandmaschine mehrere entscheidende Vorteile. Einer davon ist beispielsweise, dass man die Musik nicht nur hören, sondern auch sehen kann. Die grafische Darstellung des Soundmaterials gehört zu den Grundfunktionen und ist aus der heutigen Musikproduktion nicht mehr wegzudenken, da eine ganze Reihe von Arbeitsschritten auf diesem visuellen Konzept basiert. Häufig werden mehrere Ansichtsoptionen zur Verfügung gestellt, die zum großen Teil eine Frage des persönlichen Geschmacks sind. So kannst du beispielsweise die farbliche **Darstellung der Wellenformen** festlegen: Soll das Programm die Farbe zufällig vergeben oder legst du selbst etwas fest?

Bevor du aber überhaupt durchstarten kannst, musst du erst

einmal ein neues Projekt anlegen. Dabei legst du einige Grundparameter fest: Zum Beispiel lässt sich die **Spuranzahl** im Vorfeld grob einstellen. Später kannst du immer noch Spuren hinzufügen oder auch löschen. Bei der **Samplerate** ist der Standard eigentlich 44100 Hz, da mit diesem Wert CD-Produktionen gefahren werden. Schließlich muss noch ein **Speicherort** festgelegt werden. Zu diesem Thema solltest du dir sowieso ein paar grundsätzliche Gedanken machen, beispielsweise wie du deine Festplatten organisierst, damit du auch alles wiederfindest - auch noch Monate später. Dazu gehören Dateinamen, die aussagekräftig sind.

Wenn dann das leere Projektfenster geöffnet ist, solltest du dir ein paar Minuten Zeit nehmen, um die Einzeltracks zu beschriften und eventuell einzufärben. Das klingt nach stupider Verwaltungsarbeit - ist es letztlich auch, aber trotzdem möchte ich heute nicht mehr darauf verzichten. Wenn du für dich selbst erst mal ein System entwickelt hast und auch konsequent dabei bleibst, wirst du das am flüssigeren Arbeitsablauf spüren.

10.3. Aufnahme und Wiedergabe

Das Aufnehmen und die Wiedergabe sind zwei Grundfunktionen jedes Audio-Sequenzers. Im Prinzip musst du nur eine Spur scharf schalten, eventuell den Speicherort oder den Dateinamen festlegen und schon kann es losgehen. Die Aufnahme wird in die entsprechende Datei geschrieben und gleichzeitig per Grafik in der festgelegten Spur platziert. Nach Beendigung der Aufnahme kannst du das Material natürlich per Wiedergabe anhören. Um einzelne Spuren auch wirklich einzeln hören zu können, gibt es die **Solo**-Funktion. Du kannst eine Spur oder auch mehrere aktivieren und somit verschiedene Kombinationen abhören. Willst du dagegen nur eine Spur stumm schalten und den Rest noch hören, ist die **Mute**-Funktion die bessere Wahl.

Wie auch bei „nichtmusikalischer" Software gibt es im Audio-Sequenzer häufig mehrere Möglichkeiten der Bedienung. Die Entscheidung zwischen Tastatur und Maus fällt meist nach allgemeinen Computergewohnheiten. Der eine legt die Maus nie aus der Hand und fährt wie im Schlaf durch die Menüs; ein anderer kennt alle Tastenkürzel auswendig und ist damit natürlich schneller als jede Mausbewegung. Um auf das Abspielen zurückzukommen: **Start** und **Stopp** liegen bei den meisten Programmen auf der Leer-Taste, so dass man schon fast als Standard einen Finger drauf zu liegen hat. Mehr Möglichkeiten bietet die Transportkonsole. Neben den üblichen virtuellen Tastern für Play und Stopp findest du dort auch den **Vor- und Rücklauf**, wie man ihn schon aus Tagen des Kassettenrekorders und natürlich von der Bandmaschine kannte. Das Setzen von **Markern** ist für eine flüssige Arbeitsweise sehr hilfreich. Bei einem Mausklick auf eine der Marker-Schaltflächen wird die

10. Recording-Software

aktuelle Play-Position gespeichert und kann dann wieder an-
gefahren werden.

Soll nun etwas aufgenommen werden, musst du einige weitere
Voreinstellungen vornehmen. Am besten geht das im Fenster für
Aufnahmeoptionen. Zunächst muss ein entsprechendes Format
gewählt werden. Die **Samplerate** wird aus den Projekt-
einstellungen übernommen und sollte schon stimmen. Für die
Bitbreite gibt es mehrere Möglichkeiten. CD-Standard wären 16
Bit. Aufnehmen mit mehr ist aber sinnvoll *[siehe Kapitel 10.1.]*.
Die dritte Einstellung betrifft die Wahl zwischen **Mono** und
Stereo. Wir wollen zwar am Ende ein Stereo-Signal haben, aber
als Eingangs-Signal liefert jedes Mikro zunächst nur Mono-
Material.

Wichtig bei der Aufnahme ist natürlich auch eine Rückkontrolle
über den aufgenommenen Pegel. Deshalb solltest du auf jeden
Fall ein Peakmeter aktivieren *[siehe Kapitel 12.1.]*. Steuere so
aus, dass der Pegel nie über 0 dB schießt, aber auch nicht ewig
weit davon entfernt ist.

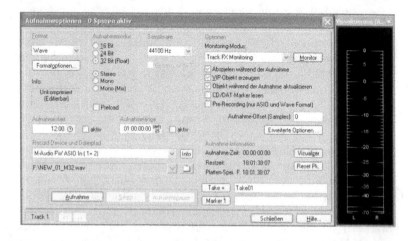

Wichtig ist aber natürlich auch eine akustische Rückkontrolle. Dazu stehen häufig mehrere **Monitoring-Modi** zur Verfügung. Ich möchte nur kurz drei davon erwähnen, die für Choraufnahmen relevant sind und die in den einzelnen Audio-Sequenzern natürlich auch andere Namen tragen können:

➢ Kein Audio-Monitoring: In diesem Modus hast du bloß die optische Kontrolle über das Peakmeter. Ein Mithören ist nicht möglich.

➢ Hardware Monitoring: Hier kannst du über die verwendete Soundkarte abhören, das heißt, das Input-Signal wird (neben der Weiterleitung zur Software) wieder direkt an den Ausgang geschickt. Die Latenz *[siehe Kapitel 7.3.]* liegt dabei nahezu bei 0 ms.

➢ Software-Monitoring: Hier läuft das Monitoring über die Audio-Software und berücksichtigt den einge-stellten Pegel der Aufnahmespur. Alle anderen Ein-stellungen der Spur (beispielsweise Effekte) bleiben unberücksichtigt. Die Latenzen liegen auch in die-sem Modus im geringen Bereich.

Um wieder zum Anlegen eines Projektes zurückzukommen: Wenn du Aufnahmen mit einem externen Gerät anfertigst *[siehe Kapitel 6]* oder die Rohdateien von einem anderen Aufnahme-leiter übernimmst, ist es natürlich ebenso möglich, dieses Material zu **importieren** und in den Spuren zu platzieren. Manchmal musst du dabei Anpassungen vornehmen, zum Beispiel beim Dateiformat oder der Samplerate.

10.4. Bearbeitungsmöglichkeiten

Die eigentliche Arbeit am Material geht jetzt im Grunde aber erst los. Von Vorteil ist es, wenn deine Software in der Lage ist, alle Arbeitsschritte **virtuell** auszuführen. Das bedeutet, dass die auf-genommenen Originaldateien auf der Festplatte unangetastet bleiben und somit immer wieder in reiner Form zur Verfügung stehen würden. Hast du dich also mal total verrannt, kannst du im schlimmsten Fall alles verwerfen und mit der Bearbeitung von vorn anfangen, ohne neu aufnehmen zu müssen. Alles, was verändert wird, passiert in Form von Programmroutinen, die in der Hauptdatei des gerade bearbeiteten Projektes gespeichert werden. Das Ganze läuft für uns als Nutzer unmerklich, so dass es sich anfühlt, als würden wir die Sound-Dateien tatsächlich verändern. Nebenbei: Die meisten Programme bieten zusätzlich die Möglichkeit, auch **destruktiv**, also direkt an den Ausgangs-dateien zu arbeiten (Wave-Editor), was aber gerade für den Neueinsteiger nicht unbedingt der erste Schritt sein sollte. Falls du aber doch so arbeitest, dann achte vorher darauf, die Einstellungen zum Rückgängigmachen (Undo) zu überprüfen. In Samplitude beispielsweise kannst du bis zu 100 Bearbeitungs-schritte zurück, wenn du das so definiert hast. Steht der Wert aber auf 0, dann hilft dir auch der vielfache Druck auf die Standard-Tastenkombination Strg+Z nicht viel.

Eine flüssige Arbeit im Spurfenster kann nur erreicht werden, wenn deine Software der Mausarbeit genügend Möglichkeiten einräumt. Es sollten mehrere Modi zur Verfügung stehen, die dir den zügigen Zugriff auf benötigte Arbeitsschritte gewähren. Natürlich musst du im Laufe der Anfangsphase auch schauen, dass du dich so schnell wie möglich an alle Funktionen gewöhnst. Stellvertretend sollen hier einige der Mausmodi von Samplitude genannt werden:

> ➢ Universalmodus: Alle wichtigen Funktionen sind je nach Mausposition schnell erreichbar.
> ➢ Bereichsmodus: Der Play-Cursor und die Bereiche als solche werden beeinflusst.
> ➢ Objektmodus: Hier werden Objekte verschoben und editiert.
> ➢ Automations-Zeichenmodus: Falls bestimmte Regel-vorgänge automatisiert ablaufen sollen, können hier die entsprechenden Automationskurven gezeichnet werden, die dann einen Parameter steuern.
> ➢ Links-Rechts-Modus: Dies ist bis heute mein Lieblingsmodus, da man sowohl Objekte als auch Bereiche bearbeiten kann. Die Einarbeitungszeit ist zwar etwas länger, aber es arbeitet sich nach

meinem Geschmack dann besser als mit dem Universalmodus.

Eine der Basisarbeiten ist das Anordnen der Sound-Objekte im Spurfenster. Das geschieht beispielsweise durch Schneiden, Verbinden, Verschieben, Kopieren oder Einfügen. Darauf wird im *Kapitel 14* noch genauer eingegangen.

Direkt neben der eigentlichen Spur findest du den sogenannten

 **Spurkopf**. Dieser erlaubt den Zugriff auf die wichtigsten Parameter, die die Spur betreffen. Das geht los bei den Standards wie Lautstärkeregler, Panoramaregler und Peakmeter sowie den Schaltflächen für Solo, Mute und Record. Das kann in deiner Software natürlich auch wieder etwas anders aussehen, aber die Grundfunktionen solltest du finden.

In manchen Programmen gibt es zusätzlich einen **Track-Editor**.

 Dieser ermöglicht dir einen schnellen Zugriff auf im Prinzip alle Parameter der jeweiligen Spur, die gerade ausgewählt ist. Das betrifft die gerade beschriebenen Funktionen. Weiterhin sind Schaltflächen vorhanden für Drehung der Phasenlage, Umschalten auf mono sowie das Einrichten der Effektreihenfolge. Eine weitere Sektion betrifft die Automation. Alle anderen Zugriffsmöglichkeiten verbergen sich hinter ausklappbaren Menüs, die an dieser Stelle nicht im Detail beschrieben werden sollen. Nur so viel: Im Grunde hast du hier Zugriff auf alles, was im Rahmen eines Tracks angewendet werden kann. Und wenn du gerade nur auf einer oder auf wenigen Spuren arbeitest, kann der Einsatz des Track-Editors für manche Arbeitsschritte sinnvoller sein, als alles über das Mischpult *[siehe Kapitel 11]* abzurufen.

11. Kleine Mischpultkunde

Oh mein Gott - ein Mischpult mit seinen vielen Knöpfen und Reglern ... So ungefähr denken wahrscheinlich Leute, die rein gar nichts mit Tontechnik am Hut haben. Aber auch du bist vielleicht etwas ratlos, wenn du noch nie einen Mixer aus der Nähe betrachtet hast und dann so ein Teil eventuell bedienen sollst. Und genau das musst du, denn das zweite wichtige Fenster unserer Recording-Software ist die Mixer-Ansicht. Hier bekommst du Zugriff auf jegliche soundtechnischen Bearbeitungsgrößen. Im Grunde unterscheidet sich die Softwarevariante nicht wesentlich von ihren konsolenartigen Vorbildern. Wenn du aber einmal verstanden hast, wie so ein Pult arbeitet, kannst du auch an fremden Hard- und Softwaremodellen ohne Berührungsängste hantieren. Also bringen wir im Rahmen dieses Kapitels mal ein wenig Ordnung in das vermeintliche Chaos.

Die Abbildung zeigt dir eine mögliche Mixer-Ansicht. Den meisten Platz nehmen die nebeneinander angeordneten **Kanalzüge** ein, die auf den nächsten Seiten noch ausführlicher beschrieben werden. Rechts neben den hier zehn Kanalzügen befindet sich ein **Returnkanal**, der den Effektanteil aus den Kanälen 3 bis 10 enthält *[siehe Kapitel 16.2.]*, sowie ein Submix-Bus *[siehe Kapitel 11.3.]*. Wiederum rechts daneben findest du die **Mastersektion**

[siehe Kapitel 11.2.] sowie einige Möglichkeiten für die Grund-einstellungen des Mixers.

11.1. Kanalzug

Unser Signal durchläuft den jeweiligen Kanalzug von oben nach unten. (Für bessere Lesbarkeit und um Platz für Erklärungen zu haben, wurde die Abbildung eines Samplitude-Kanales geteilt und auf zwei Seiten entsprechend platziert.)

Ganz oben in der Abbildung siehst du an der 1+2, dass ein Stereosignal zweikanalig erfasst wird. Darunter wird mit **Gain** die Eingangsverstärkung geregelt.

Im Feld **Aux** hast du die Möglichkeit, das Signal auf einen parallelen Effektweg zu schicken, der dann in dem erwähnten Return-Kanal weiter verarbeitet wird *[siehe Kapitel 16.2.]*. In einem Untermenü sind weitere Zusatzoptionen zu finden.

Mit **PlugIns** sind die Insert-Effekte gemeint. Hier kannst du mehrere virtuelle Effektgeräte in den Kanalzug einschleifen und in den dann auf-klappenden Zusatzfenstern regeln. Nach erfolgter Einrichtung kannst du mit Klick auf den Effektnamen den jeweiligen Effekt auf Bypass schalten.

Der **EQ** ist unser Equalizer *[siehe Kapitel 17]*. In diesem Fall handelt es sich um einen 4-Band-Equalizer. Über die Drehregler kannst du schon einiges erreichen und du bekommst auch einen Überblick über die anliegenden Werte. Rechts daneben ist der wirksame Frequenzbereich des zugehörigen Reglers über Zahlenwerte einstellbar. Die Zugriffsmöglichkeiten entsprechen überwiegend denen, die man auch vom Hardware-Mischpult kennt. Von den Möglichkeiten besser ist allerdings das separate Equalizer-Fenster, welches du über einen Rechtsklick auf einen der Regler erreichst.

Der **Panorama**-Regler ist natürlich für die Ausrichtung des Signals im Stereofeld zuständig. Dabei wird bei einer Mono-Spur das Signal innerhalb des Stereobildes verschoben. Bei einem Stereosignal steuert der Regler dagegen das Lautstärkeverhältnis zwischen linkem und rechtem Kanal. Neben dem Panorama-Regler befindet sich ein Schalter zur Umkehrung der Phase. Mit Rechtsklick auf den Regler oder den Schalter gelangst du wieder zu detaillierteren Einstellungen im Rahmen des Stereo-Editors *[siehe Kapitel 11.3.]*.

Die ovale **Link**-Schaltfläche neben der Kanalnummer verbindet diesen Kanal mit dem rechts daneben für gleichzeitige Regelvorgänge *[siehe Kapitel 15.2.]*.

Die nächste Schaltfläche ist für die **Automation** gedacht; in diesem Fall steht sie auf „Read", also das Auslesen der Informationen.

Die Schaltflächen für **Solo**, **Record** und **Mute** sowie der **Kanalfader** und das **Peakmeter** wurden bereits beschrieben. Die Lautsprecher-Schaltfläche aktiviert die **Monitoring**-Funktion, so dass anstatt des Spurmaterials auch der Audio-Eingang durchgeschleift und mit allen internen Bearbeitungsmöglichkeiten versehen werden kann.

Über dem Namen der Spur kann der **Effekt-Routing-Dialog** aktiviert werden. Hier musst du für die Verwendung mehrerer Effekte eine sinnvolle Reihenfolge der Geräte festlegen *[siehe Kapitel 16.2.]*. Schließlich wird ganz unten noch der **Audioausgang** für den Kanal eingestellt. Im Normalfall dürfte dies die Mastersektion sein. Aber bei größeren Projekten solltest du dich auch mit der Thematik der Submix-Busse beschäftigen *[siehe Kapitel 11.3.]*.

11.2. Maste0rsektion

Die Mastersektion ist so ähnlich aufgebaut wie die Kanalzüge. Im oberen Bereich findest du wieder die Möglichkeit, diverse **Insert-Effekte** einzuschleifen.

In der Stereo-Summe wird durchaus noch einmal mit dem **Equalizer** gearbeitet, auch wenn dann die Eingriffe meist nicht drastisch sind. Im Gegensatz zu den Kanalzügen können die Einstellungen für die Arbeitsfrequenzen direkt über zugehörige Regler vorgenommen werden. Besser geht es aber wiederum mit dem Equalizer-Fenster.

Neben dem **Peakmeter** ist wieder der **Panorama**-Regler zu finden. Außerdem siehst du eine Schaltfläche für den **Stereo-Enhancer**, mit welchem du das Stereobild der Summe manipulieren kannst. Recht sinnvoll ist der **Mono**-Button, mit welchem ganz fix auf Monowiedergabe geschaltet werden kann, um die entsprechende Kompatibilität zu überprüfen. Der Schalter für die Master-**Normalisierung** bewirkt eine Anpassung des Ausgangspegels, so dass die lautesten Stellen 0 dB erreichen. Die anderen Elemente für **Automation**, **Link** und die für links und rechts getrennten **Master-Fader** sind bekannt.

FX steht wieder für den Effekt-Routing-Dialog. Mit **Mix to File** lässt sich der komplette Mischvorgang während der Wiedergabe mit allen Veränderungen aufzeichnen. Schließlich wird am Ende der Master-Sektion noch die Ausgabe-Einheit, also beispielsweise ein Interfaceport angewählt.

11.3. Weitere Funktionen

An dieser Stelle sollen zwei bereits erwähnte Funktionen noch einmal näher betrachtet werden. Zunächst geht es um den **Submix**. Stelle dir vor, du nimmst einen sehr großen Chor auf, bei dem du pro Stimmgruppe zwei Stützmikros einsetzt. Damit hast du also acht Spuren für die Stütz-Mikrofonie belegt. Wenn du nun im Mischprozess diese Mikros etwas lauter haben möchtest, kannst du einerseits an allen acht Spuren schrauben und dabei riskieren, das schon gefundene Mischungsverhältnis wieder zu verstellen. Oder du fasst halt alle Stützen zu einem Kanal zusammen. Dazu sind die Submix-Busse gedacht. Es entsteht dadurch quasi ein zusätzlicher Kanalzug, den du genau wie einen normalen Kanal behandeln kannst. Somit stehen dir Einstellungen für Volumen, Panorama, Equalizer oder Effekte gesammelt zur Verfügung.

 Damit das Ganze auch funktioniert, musst du alle Tracks, die in einen Submix-Bus fließen sollen, auch dorthin routen, und nicht zur Gesamtsumme, wie es voreingestellt ist.

> ➤ *Lege einen Submix-Bus an (meist im Mixer-Setup).*
> ➤ *Ziehe das Mixer-Fenster breiter, so dass der neue Kanal sichtbar wird.*
> ➤ *Setze bei allen Spuren, die in den neu erstellten Submix-Bus fließen sollen, den Audioausgang auf den entsprechenden Bus (im Kanalzug ganz unten).*

In der Abbildung siehst du ein Beispiel für das Submix-Routing. Linker und rechter Kanal der Hauptmikrofonie gehen direkt in die Mastersektion. Die acht Stützen laufen zunächst in den Submix-Bus, der dann wiederum zur Mastersektion geleitet wird.

Nun noch ein Wort zum Bereich **Stereobild**. Der schon erwähnte

Stereo-Editor erscheint zwar relativ schlicht, doch der Eindruck täuscht. In Wahrheit kannst du hier eine ganze Menge mehr machen, als nur den Sound im Panorama zu verschieben. So lässt sich beispielsweise die Stereobreite manipulieren. In der Mittelstellung des Reglers erfolgt keine Veränderung; bei Linksanschlag hörst du nur noch den Mono-Anteil und bei Rechtsanschlag erhältst du eine künstliche Verbreiterung des Panoramas. Allerdings solltest du bei Choraufnahmen damit eher vorsichtig sein, um das Ganze nicht unnatürlich wirken zu lassen. (Eine andere Variante der Panorama-Bearbeitung ist auch im *Kapitel 20.3.* beschrieben.)

Die Kopierfunktion ist für mehrere Zwecke ganz sinnvoll. Mit einem Haken in beiden Kästchen vertauschst du die beiden Stereokanäle. Gerade bei einem Konzertmitschnitt mit einem mobilen Rekorder kann es je nach Gerät sein, dass auf deiner Aufnahme der Chor akustisch falsch herum steht, was in diesem Fall schnell geklärt ist.

Setzt du dagegen nur einen Haken, dann hörst du den Anteil dieses Kanals als vollwertiges mittiges Mono-Signal. Das kannst du beispielsweise gebrauchen, wenn du eine Mono-Mikrofonspur hast, die in Wirklichkeit nur auf einer Seite liegt und auf der anderen Seite nur Stille anbietet. Solche Spuren entstehen, wenn das Mikro-Signal in einen Kanal des Interfaces geschickt wird und vorher keine Mono-Spur-Einrichtung erfolgt ist *[siehe Kapitel 13.4.].*

Häufig werden im Stereo-Editor einige Presets angeboten, die schon die richtige Einrichtung für bestimmte Einsatzzwecke mitbringen. Dazu gehören auch solche Sachen wie das Verarbeiten von Mitte-Seite-Informationen aus der MS-Stereofonie *[siehe Kapitel 5.3.].*

12. Optische Rückkontrolle

Wenn ich von diversen Fernsehköchen etwas gelernt habe, dann wohl die Tatsache, dass man das, was da so am Köcheln ist, auf jeden Fall auch probieren sollte, bevor man es auf die Menschheit loslässt. Genau gleiches gilt auch für die Musikproduktion im Studio. Im Prinzip ist während des gesamten Produktionsprozesses eine Rückkontrolle unumgänglich. Nun meinst du vielleicht, dass deine Ohren doch das wichtigste Kontrollorgan sind. Grundsätzlich mag das auch stimmen, denn was schon mal gut klingt, kann eigentlich nicht ganz schlecht sein. Doch wenn du mich fragst: „Können diese Ohren lügen?", dann muss ich dir leider sagen: „Oh, ja, sie können!" Leider hat unser Hörorgan so manche Eigenheit und lässt sich durch diverse Hörsituationen auf das akustische Glatteis führen. Da haben wir beispielsweise den Gewöhnungs- oder Ermüdungseffekt, der uns eine konkrete Einschätzung, ob etwas laut oder leise ist, sehr erschwert. So wird eventuell ein kurzes Mezzoforte nur deshalb als laut empfunden, weil im Vergleich dazu die vorausgegangene Passage sehr leise war. Auch die Bereiche Frequenzspektrum und Stereofeld unterliegen dem Gewöhnungseffekt. Insbesondere unerfahrene Studioleute greifen gern zu entsprechenden Reglern, um eben noch ein bisschen mehr Hall, Höhen oder Stereobreite reinzudrehen - obwohl sie dies vielleicht schon mehrfach gemacht haben. Sie hören es halt nicht mehr und empfinden das Gehörte als zu normal. Nebenbei kann es auch passieren, dass man sich eine Produktion nach stundenlanger Arbeit einfach „schönhört" und die vorhandenen Defizite nicht mehr wahrnimmt.

Neben diesen Tatsachen musst du dir außerdem darüber im Klaren sein, dass es je nach Ziel der Produktion gewisse Normen gibt, an die du dich unbedingt halten musst. Spätestens da ist unser Gehör überfordert und wir benötigen entsprechende technische Lösungen, um allen Anforderungen gerecht zu werden. Einige dieser Helferlein sollen nachfolgend etwas näher beschrieben werden, denn entgegen der landläufigen Meinung, dass eine „Lautstärkeanzeige" schon ausreichen wird, brauchen wir auf jeden Fall einen etwas detaillierteren Überblick. Es wird vielleicht nicht jeder gleich alle Anzeigen benötigen, und manches ist auch eine Frage der persönlichen Arbeitsweise. Du musst halt für dich entscheiden, ob eine kleine Bildschirmecke für Rück-kontrollen ausreicht oder ob dein Studio eher zur Star-Trek-Kommandobrücke mutiert. Auch wenn jeder dieses Thema sicher anders angeht, so gibt es auf jeden Fall doch einige Standard-Anzeigen, die du einfach kennen und nutzen solltest. Dazu musst du sie natürlich verstehen und lesen können, weshalb hier einige Erläuterungen zum sogenannten **Metering** notwendig werden.

(Da ich in diesem Buch im Grunde davon ausgehe, dass der Leser und Studioeinsteiger mit der heute üblichen Digitaltechnik in Form einer computerbasierten DAW-Lösung arbeiten wird, möchte ich nachfolgend auf Ausführungen zum Analogbereich verzichten.)

12.1. Lautstärke

Beim Aussteuern der Lautstärke musst du wissen, dass Voll-aussteuerung eben genau das bedeutet. In der digitalen Welt aus Nullen und Einsen bewirkt schon die kleinste Übersteuerung ein fieses Bratzeln. Wenn die genutzten 16 oder 24 Bit komplett auf 1 stehen, geht halt nichts mehr. Deswegen spricht man hier auch von Fullscale bzw. **0 dBfs**.

In den Software-Mixern, die sich in diversen Audio-Workstations befinden, arbeiten überwiegend **Peakmeter**, die in Anlehnung an die alte analoge Zeit stark an LED-Ketten erinnern und in Form von beispielsweise grün-gelb-roten Balken oder Säulen ihren Dienst tun. Zusätzlich kannst du meistens auch den konkreten dB-Wert als Zahl ablesen.

Entweder als separate Anzeige oder kombiniert mit dem Peak-meter findest du häufig eine **RMS-Anzeige**. RMS (Root Mean Square) ist der Effektivwert des Audio-Materials; man spricht in diesem Zusammenhang häufig auch von der Lautheit, die quasi angibt, wie laut der Klang empfunden wird. Komprimieren erhöht gewissermaßen den RMS-Wert im Verhältnis zum Spitzenpegel *[siehe Kapitel 18]*.

Das **Spektroskop** ist im Prinzip eine Ansammlung von Peak-metern, die aber nur auf ein bestimmtes Frequenzband ansprechen. Über das Spektroskop kannst du den Frequenzgang des Soundmaterials beurteilen. Für Einzelkanäle siehst du also, wo der Klang von den Frequenzen her angesiedelt ist. Bei einem Summensignal kannst du wiederum beurteilen, ob der gesamte Frequenzbereich ausgewogen genutzt wurde.

12.2. Panorama

Im **Richtungsmesser** erkennst du meist anhand eines Striches, ob die Gesamtsumme ein ausgeglichenes Verhältnis von linkem und rechtem Kanal liefert. Die umgebende Fläche zeigt gleichzeitig die Dichte der Rauminformation an. Wichtig ist diese Anzeige zum Beispiel, wenn du die Stereo-Positionen der Stütz-mikros an die Hauptmikrofonie anpassen willst *[siehe Kapitel 15.2.].*

Der **Korrelationsmesser** kümmert sich um die Phasenlage des Klangmaterials. Dies ist vor allem wichtig, um die Monokompa-tibilität des Signals beurteilen zu können, was auch in der heutigen Zeit nicht unerheblich ist, denn noch immer gibt es zahlreiche Geräte mit Mono-Wiedergabe (ob nun das einfache Küchenradio oder viele Smartphone-Lautsprecher). Meistens kann der Studio-Neueinsteiger relativ wenig mit dem Korrelations-messer anfangen. Im Grunde ist es aber gar nicht so kompliziert, wobei du darauf achten müsstest, dass das Gerät von rechts nach links arbeitet und auch so gelesen werden sollte. Angezeigt wird ein Wertebereich von 1 (entspricht 0° Phasenwinkel) bis -1 (entspricht 180° Phasenwinkel). Rechtsausschlag bei Wert 1 bedeutet praktisch mono. Je weiter die Anzeige nach links läuft, desto ungleicher und eventuell gegenphasiger ist der Sound auf den beiden Stereokanälen. Im Normalfall sollte sich die Anzeige in der rechten Hälfte zwischen 0 und 1 befinden, da du ansonsten riskierst, dass das Material nicht mehr monokompatibel ist. (Da auch Schallplatten nur den Bereich zwischen 0 und 1 speichern können, musst du also auch auf die Korrelation achten, wenn du etwas für eine Vinyl-Veröffentlichung mischst.)

12.3. So kann die Praxis aussehen

In Softwarelösungen gibt es für viele der beschriebenen Anzeigen einstellbare Wertebereiche, so dass du dir diese an deine Bedürfnisse und Gewohnheiten anpassen kannst. Dir als vielleicht noch nicht so routinierten Studiomenschen empfehle ich allerdings, nicht zu viel mit diesen Einstellungen zu spielen, da sie fast immer schon auf die üblichen Standards eingestellt sind. Modifizieren kannst du später immer noch.

Wichtiger ist erst einmal, dass du es für dich zum Standard werden lässt, diverse optische Kontrollen regelmäßig zu nutzen. Im Prinzip alle Computer sind heutzutage in der Lage, mehrere Monitore mit unterschiedlichen Bildern zu befeuern. (Falls das bei dir nicht zutrifft, tut es auch der nachträgliche Einbau einer einfachen Grafikkarte mit zwei Monitoranschlüssen.) Ich für mich habe immer einen kompletten Monitor ausschließlich für Meteringzwecke reserviert. Nachfolgend ist einmal mein Kontroll-Monitor abgebildet. Dieser bezieht sich hier auf die Mastersektion, also auf die Gesamtsumme:

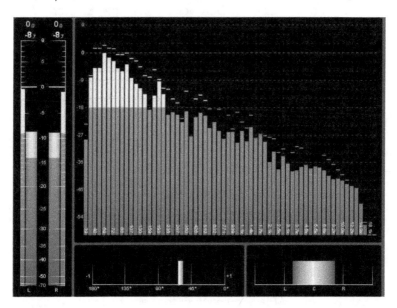

➤ Im linken Bereich befindet sich das Peakmeter, welches mir über die schmalen äußeren Säulen die momentane Lautstärke des linken und rechten Stereokanals anzeigt. Das obere Zahlenpaar darüber zeigt, wie hoch der höchste Wert seit dem Starten der Wiedergabe ist. Außerdem erkennt man auch, dass der Spitzenpegel für eine einstellbare Zeit als separater Strich gehalten wird. Die beiden breiten inneren Säulen zeigen wiederum zusätzlich den RMS-Wert an, der dann als weiteres Zahlenpaar ebenfalls oben zu finden ist. (Nebenbei: Ein Peakmeter in einfacherer Form gibt es für jeden Kanal am virtuellen Mischpult und im Spurkopf.)

➤ Das große Feld rechts oben ist das Spektroskop. Auch hier gibt es für jedes Frequenzband einen gehaltenen Spitzenpegel in Form eines kleinen Striches. (Der dargestellte schräg verlaufende Frequenzgang ist der Normalfall.)

➤ Darunter befindet sich rechts der Richtungsmesser, welcher in diesem Beispiel ein durchschnittliches Stereofeld anzeigt. Der volumenmäßige Schwerpunkt liegt fast genau mittig.

➤ Der Korrelationsmesser schließlich zeigt ein Signal, das einen mäßigen bis ausgewogenen Stereoanteil enthält.

12.4. Weitere Anzeigen

Als zusätzliches PlugIn nutze ich (meist in irgendeiner freien Ecke der Mixer-Ansicht) das **Intersamplingmeter** X-ISM. Mit diesem kleinen Tool, welches als Freeware zu haben ist, kannst du beurteilen, ob bei der späteren Konvertierung von digital zu analog eventuell Übersteuerungen auftreten könnten, obwohl du digital unter 0 dBfs geblieben bist. Für Technikversteher: Der Hintergrund ist, dass die Digitalsamples nicht unbedingt die Maximalstelle eines analogen Signals treffen müssen - diese kann auch genau zwischen zwei Samples liegen. Wenn dann ein technisch einfach gestrickter D/A-Wandler, wie man ihn durchaus in heimischen CD-Playern findet, wieder ein Analogsignal daraus

baut, kann es zu Verarbeitungsfehlern kommen, die sich in bösem Bratzeln äußern. Letztlich bist dann genau du derjenige, der dafür angezählt wird, weil du inkorrekt gepegeltes Material geliefert hast. Du selbst bist dir aber gar keiner Schuld bewusst. Mit dem Intersamplingmeter kannst du aber dieses Problem frühzeitig erkennen. Dass das wirklich gut funktioniert, siehst du relativ schnell, wenn du mal ein kräftig komprimiertes Signal analysierst. Mitunter flackern plötzlich die Analog-Warnleuchten auf, obwohl digital alles in Ordnung ist. (Nebenbei siehst du bei X-ISM auch sehr schön, wie die 16 oder 24 Bit im Digitalbereich ausgenutzt werden.) In dem abgebildeten Beispiel kannst du erkennen, dass die volle Bitbreite noch nicht erreicht ist und beide Kanäle digital identisch aussehen. Trotzdem spricht für den linken Kanal die Analog-Warnung an - es ist also etwas nicht in Ordnung.

Mit den beschriebenen Anzeigen ist natürlich nicht das Ende der Fahnenstange erreicht, aber für den Studioeinsteiger sollte das Wesentliche erst einmal erklärt sein. Nachfolgend werden nur einige weitere Anzeigemöglichkeiten erwähnt, die du später als Ergänzung hinzuziehen kannst oder die dir automatisch bei diversen PlugIns begegnen.

> Der **Spectral Analyzer** stellt den Frequenzgang innerhalb eines bestimmten (eventuell auch einstellbaren) Zeitabschnittes dar.

> In Kompressoren und Limitern findest du häufig **Gain-Reduction-Anzeigen**, die den Grad der Pegelreduzierung verdeutlichen *[siehe Kapitel 18]*.

> Wenn du den Abstand zwischen RMS und Peak wissen möchtest, kannst du das zwar anhand der angezeigten Zahlenwerte errechnen oder (da diese sich ja ständig verändern) zumindest abschätzen. Musst du es genau wissen oder brauchst du einfach noch ein paar Flackerlichter mehr, die deine Studiogäste beeindrucken sollen, dann kannst du zur Anzeige für die mittlere **Dynamikbreite** greifen.

13. Die eigentliche Aufnahme

An dieser Stelle schließt sich nun zunächst der Kreis zu dem, was seit Kapitel 2 gesagt wurde. Wir haben diverse Rahmenbedingungen geklärt sowie einen Einblick in die benötigte Technik gewagt. Eigentlich müsste alles klar sein und wir müssen „nur" noch aufnehmen. Damit auch wirklich nichts schiefgeht, folgen hier noch einige Ratschläge, die die Abläufe reibungsloser gestalten sollen. Es geht dabei jetzt weniger um einen Mitschnitt, sondern eher um eine aufwändigere Produktion.

13.1. Richtlinien für den Chor

Der Chor muss sich natürlich emotional wie auch von der fachlichen Herangehensweise auf eine Aufnahme einstellen. Eigentlich muss er ja nur **singen wie bei einem Auftritt**. Das Problem ist, dieses Konzentrationslevel über die ganze Aufnahmesession beizubehalten.

Falls es nicht sowieso Standard bei dem jeweiligen Chor ist, muss auf eine **überdeutliche Aussprache** hingewiesen werden. Insbesondere bei deutschen Texten fällt dem Zuhörer auf, wenn er nichts versteht.

Zu einem guten Auftritt gehört eine **gute Ausstrahlung** des Chores. Aber auch bei Aufnahmen sollte diese da sein. Man sagt in Fachkreisen, man würde es den Sängern anhören, ob sie Spaß hatten.

Im *Kapitel 3.4.* wurden zahlreiche Störquellen aufgeführt. Aber es gehört natürlich auch dazu, die Chormitglieder auf die zu vermeidenden **menschlichen Störfaktoren** hinzuweisen:

- der Klassiker: Handy - am besten ganz aus, um auch diverses Einwahlgebratzel zu vermeiden
- Stundensignal der Armbanduhr
- raschelnde Kleidung

➢ quietschende Schuhe
➢ knisternde Noten *[s.u.]*
➢ im Ernst: knurrender Magen

Sage den Chorleuten, dass sie **nach dem Titelende ruhig stehen bleiben** und auch sonst keine Laute und Geräusche verursachen sollen. Schließlich brauchst du für die Aufnahme die Hallfahne des Raumes.

Ein leidiges Problem sind immer wieder die Geräusche, die durch die Noten fabriziert werden. Bei einseitigen Stücken geht das meist noch, aber sobald geblättert werden muss, summiert sich das Rascheln aller Sängerinnen und Sänger zu einer hörbaren Sache. Lösungsansätze dazu gibt es einige:

➢ Der einfachste Weg wäre das Auswendigsingen. Dies ist aber nicht jedem Chor gegeben und sicher auch von der Chorliteratur selbst abhängig. (Im schlimmsten Fall hat man zwar kein Rascheln, aber jede Menge Versinger.)
➢ Bei zweiseitigen Stücken kann man beide Blätter in den Händen halten oder Pulte benutzen.
➢ Bei drei- bis vierseitigen Stücken kann man die Noten auf benachbarte Chormitglieder verteilen oder gemeinsam mehrere Pulte benutzen.
➢ Man kann technische Lösungen anwenden, zum Beispiel die Noten in digitaler Form auf Tablet-PCs oder größere Smartphones laden (Smartphones aber dann im Flugmodus).
➢ Wenn es gar nicht anders geht, sollte bewusst leise geblättert werden. Auch die in vielen Chören üblichen Prospekthüllen um die Noten sollten dazu entfernt werden, da diese meist viel auffälliger knistern.

13.2. Richtlinien für den Chorleiter

Insbesondere bei kleineren Besetzungen ist es gar nicht so leicht, einen **Platz für den Chorleiter** zu finden. Zwischen dem Hauptmikro und dem Chor geht aus akustischen Gründen nicht. Eine Ausnahme wäre, wenn das Mikro hoch genug steht, also deutlich über Kopfhöhe. Ansonsten bleibt nur eine Position hinter dem Hauptmikro (für besseren Sichtkontakt eventuell seitlich verschoben).

Wenn der Chor **Spaß haben** soll, muss der Chorleiter dies natürlich unterstützen und animierend wirken. Das geht anfangs sicher gut, aber nach mehreren Stunden Aufnahme ist das richtig Arbeit mit einer großen Portion Selbstmotivation.

Der **Titeleinsatz** sollte erst gegeben werden, wenn absolute Ruhe herrscht. Ist der Einsatz misslungen, sollte gleich neu angesetzt werden.

Manche Chorleiter haben Angewohnheiten, die zwar in der Probe und zum Teil beim Auftritt in Ordnung sind. Aber bei der Aufnahme geht das teilweise **Mitsingen** und **Taktklopfen** natürlich gar nicht. Auch ansonsten sollte alles vermieden werden, was akustisch auf der Aufnahme landen könnte.

13.3. Richtlinien für den Aufnahmeleiter

Für dich als Aufnahmeleiter gibt es ebenfalls eine ganze Liste von Dingen, die beachtet werden sollten. Nur erwähnen muss ich sicherlich, dass dein **Equipment vollständig und funktionstüchtig** sein muss. Es ist einfach lächerlich, wenn man alles perfekt aufgebaut hat und dann an einem fehlenden Verlängerungskabel scheitert, weil die nächste Steckdose einfach weiter weg ist als gedacht. Übrigens gehört zu funktionierendem Equipment auch, dass du selbst weißt, wie alles funktioniert.

Bevor es losgeht, musst du natürlich **korrekte Pegeleinstellungen** finden. Lasse dazu den Chor ein möglichst homophones Stück ansingen. Unabhängig von der eigentlichen Gestaltung des Titels sollte richtig laut angesungen werden. Pegele Hauptmikro und Stützen so ein, dass du **10 bis 15 dB Headroom** (also Aussteuerreserve) hast. Ansonsten sind keine anderen Einstellungen notwendig. Es wird quasi **klangneutral** aufgenommen.

Lasse nach der Pegeleinstellung jede Stimmgruppe kurz einzeln ansingen und nimm das bereits mit auf. Dieses Material hilft dir später beim Anpassen der Stereo-Position der Stützen *[siehe Kapitel 15.2.]*.

Bei der eigentlichen Aufnahme solltest du **nichts nachregeln**. Du siehst, wie wichtig das vorherige Einrichten der Pegel also ist.

Nimm immer **genügend Material** auf und schneide wirklich jeden Durchlauf mit, um in der Nachbearbeitung jede Titelpassage wenigstens einmal perfekt vorliegen zu haben. Lösche auch fehlerhaftes Material nicht voreilig. Nimm dann lieber separate Abschnitte des Titels zusätzlich auf, wenn sich das sängerisch machen lässt. Außerdem verliert man beim gelegentlichen Löschen (quasi immer mal so zwischendurch) vielleicht den Überblick. Ich habe schon Rohaufnahmen bekommen, wo von einer Titelstrophe nur ein Durchlauf vorlag, weil alle anderen nach und nach gelöscht wurden. Der Handlungsspielraum liegt dann bei Null.

Ich schreibe alle Durchläufe eines Titels immer **in eine Datei** (sowohl am PC als auch beim Mehrspur-Kompaktstudio). Das heißt, ich drücke nur kurz auf Pause oder lasse (wenn es nichts zu bereden gibt) die Aufnahme gleich weiterlaufen. In der Nachbearbeitung habe ich dann alle Versionen hintereinander in den Spuren sitzen. Ein paar Notizen während des Aufnehmens und das eventuelle Setzen von Markern *[siehe Kapitel 10.3.]* erleichtern das Wiederfinden der guten Passagen.

Vergiss das **Speichern** nicht und denke auch gelegentlich an **Backups**.

13.4. Beispiel für eine PC-Aufnahme

In Kurzform möchte ich hier ein kleines Beispiel einer Aufnahme mit PC und entsprechender Software demonstrieren. Ich beschreibe dir zunächst pauschal die wichtigsten Punkte, auf die du achten musst. Nehmen wir dafür einfach eine Standard-Situation.

Wir haben also vier Stimmregister, die wir über Stützmikros aufnehmen, plus ein Stereo-Paar als Hauptmikro.

 Schaue bei technischen Unklarheiten im Manual oder der Hilfe-Funktion nach. Ansonsten gehe ich davon aus, dass du bereits ein 6-Spur-Projekt angelegt hast und solche Sachen wie Speicherort oder Spurnamen geklärt sind. So geht es weiter:

> ➤ *Lege den Input fest, damit der Eingang des Interfaces auch auf die richtigen Spuren geschickt wird.*
> ➤ *Aktiviere die Mehrspuraufnahme, da du ja mehr als eine Stereo-Spur füllen möchtest, wie es meist als Standard eingestellt ist.*
> ➤ *Die Spuren sollten als Mono-Tracks angelegt sein.*
> ➤ *Vergiss nicht, alle sechs Spuren für die Aufnahme zu aktivieren.*
> ➤ *Starte die Aufnahme.*
> ➤ *Nimm nach dem Ende jedes Aufnahmedurchgangs einige Sekunden des Raumklangs mit auf.*

In jeder Software heißen die Funktionen etwas anders und auch die Abläufe können sich unterscheiden. So sieht das Ganze beispielsweise in Samplitude aus:

> ➤ *Lege den Input in den Aufnahmeoptionen fest.*
> ➤ *Markiere mit einem Klick auf den Spurkopf die oberste der benötigten Spuren als aktiv.*
> ➤ *Aktiviere die Mehrspuraufnahme in den Mixereinstellungen (STRG+Umschalt+M), indem du bei Routing „Alle Tracks direkt auf vorhandene Mono Devices routen" anwählst und bei I/O Devices „Record" einstellst.*
> ➤ *Vergiss nicht, alle sechs Spuren mit dem Record-Button zu aktivieren.*
> ➤ *Öffne die Aufnahme-Optionen (Umschalt+R) und nimm eventuell noch notwendige Einstellungen vor, falls diese nicht automatisch richtig erscheinen (beispielsweise Speicherort und Dateinamen).*
> ➤ *Starte die Aufnahme.*

14. Das große Sortieren

Mit dem vorherigen Kapitel ist im Prinzip der erste große Baustein abgeschlossen: Das Aufnehmen. Wir gehen davon aus, dass alle Rohdateien im Kasten sind oder dass du sie als solche von einem anderen Aufnahmeleiter bekommen hast (wenn du nur die Nachbearbeitung durchführst). Wir kommen somit zu Phase 2, die gern als „Mischen" bezeichnet wird. Dass diese Bezeichnung, die ja so auch im Untertitel des Buches steht, weit untertrieben ist, werden die nächsten Kapitel zeigen. Nur so viel: Das Mischen *[siehe Kapitel 15]* ist nur <u>ein</u> Baustein der gesamten Nachbearbeitungskette. Bereits davor sind einige arbeitsintensive Dinge zu erledigen, was Außenstehende meist nicht zu schätzen wissen.

In den folgenden Kapiteln stütze ich mich auf die Bearbeitung am PC. Wenn du beispielsweise mit einem Mehrspur-Kompaktstudio arbeitest, musst du die Schrittfolge etwas anpassen und bei Problemen auch in die Bedienungsanleitung schauen.

14.1. Bearbeitungsprojekt anlegen

Zunächst brauchst du ein **Mehrspurprojekt**, welches einerseits alles Benötigte enthält, andererseits aber auch nichts darüber hinaus. Es macht also keinen Sinn, die gesamte (vielleicht mehrtägige) Aufnahmesession komplett auf dem Monitor zu haben. Letztlich solltest du Titel für Titel in Einzelprojekten vorgehen und das andere Material dabei nicht weiter anrühren.

Wenn du nicht gerade mit dem PC aufgenommen hast, musst du das Material eventuell **importieren** und manchmal auch vom Format her anpassen. Falls eine Konvertierung notwendig ist, dann nutze gleich die für CDs üblichen Parameter:

- ➢ Stereo-wav-Datei
- ➢ 44100 Hz
- ➢ 16 bit (auch wenn die interne Verarbeitung dann höher erfolgt)

Wie *im Kapitel 10.2.* bereits angedeutet wurde, solltest du das **Beschriften** der Spuren nicht versäumen.

Auch wenn die eigentliche Mischarbeit erst im *Kapitel 15.1.* beschrieben wird, ist es natürlich sinnvoll, grob die **Lautstärkeverhältnisse** festzulegen. Gleiches gilt für die **Stereo-Position** *[siehe Kapitel 15.2.]*. Meine Vorgehensweise (die natürlich keine Vorschrift ist) sieht eigentlich immer so aus:

> ➤ Lautstärkeverhältnisse und Panorama für den ersten Titel grob festlegen
> ➤ Titel schneiden
> ➤ Lautstärkeverhältnisse und Panorama korrigieren
> ➤ Equalizer *[siehe Kapitel 17]*, Kompressor *[siehe Kapitel 18]* und Hall *[siehe Kapitel 19]* einarbeiten
> ➤ Lautstärkeverhältnisse korrigieren

Die einmal gefundenen Einstellungen dienen im Anschluss für alle weiteren Titel als Vorlage, so dass sich dann die Arbeit auf das Schneiden und kleinere Anpassungskorrekturen beschränkt. Es macht also Sinn, sich eine Blanko-Datei anzulegen, in die man dann nur noch die jeweiligen Dateien einfügen muss.

14.2. Material sichten

Wie gerade schon gesagt wurde, solltest du deine Konzentration immer auf einen Einzeltitel legen. Beginne deine Arbeit am besten mit einem eher **einfachen Titel**:

> ➤ einfacher Aufbau/ eher homophon/ vielleicht auch strophisch
> ➤ keine Soli
> ➤ vom Chor gut gesungen (und damit wenig Schnittarbeit für dich)

Wenn du meinen Hinweis in *Kapitel 13.3.* beherzigt hast, liegen vor dir ein paar **Notizen**, die Auskunft darüber geben, welcher Durchlauf am besten gelungen ist oder wo es Problemstellen gab. Das erleichtert dir jetzt das Auffinden der besten Version, die du als Ausgangsmaterial verwenden kannst. Höre dir diese Fassung mehrmals an und entscheide, ob sie wirklich brauchbar ist. Markiere dir auch die Stellen, wo noch Material gegen solches aus anderen Durchläufen ausgetauscht werden muss. Entweder schreibst du es wieder auf oder du setzt gleich **Marker** in deine Software. In vielen Recording-Programmen kann man das bei laufender Wiedergabe erledigen.

Damit der angesprochene Austausch funktioniert, muss natürlich die **Intonation** stimmen. Unsauber gesungenes Material, wo vielleicht sogar jeder Durchlauf einen anderen Intonationsverlauf hat, ist äußerst schwer zu bearbeiten.

14.3. Schneiden

Dies ist jetzt der Moment, wo ich zu meinem Studio-Kopfhörer greife, um beim Herumschneiden am kostbaren Material kein Detail zu überhören. Der Hauptgrund für das Schneiden wurde oben schon angedeutet: Du benutzt die beste Aufnahme als Ausgangsmaterial und fügst an nicht so gelungenen Stellen entsprechende Passagen aus anderen Aufnahmen ein.

Die Funktionen „kopieren", „ausschneiden" und „einfügen" kennst du auch aus alltäglicher Software. Im Grunde funktioniert das hier ebenso. (Dein Handbuch sollte dir über entsprechende Mausmodi und Tastenkombinationen Auskunft geben.) Beachten musst du lediglich, dass das Timing nach dem Schneiden und Umsortieren immer noch stimmt und dass die Übergänge möglichst unhörbar sind. Es gibt mehrere Möglichkeiten, dies zu realisieren. Gehen wir mal von zwei Objekten aus und du möchtest einen Teil von Objekt 1 durch selbigen Abschnitt aus Objekt 2 ersetzen:

Zunächst musst du das jeweilige Objekt selektieren. Da wir bei Choraufnahmen mehrere Spuren belegt haben, muss das Schneiden (bis auf Spezialfälle) über die kompletten Spuren erfolgen und demzufolge auch senkrecht jeweils alles selektiert werden. Als nächstes stellst du deinen Cursor an die Stelle, wo geschnitten werden soll, und nimmst die Trennung vor. Befindet sich der gewünschte Abschnitt mitten im

Songablauf, musst du das Ganze natürlich zweimal vornehmen -
am Anfang und am Ende des jeweiligen Abschnittes. Wenn du
die benötigte Passage aus Objekt 2 isoliert hast, schiebst du
dieses Objekt einfach von rechts über Objekt 1 bis zu dem Punkt,
wo der Schnitt sitzen soll (oder in eine vorher geschaffene
Lücke).

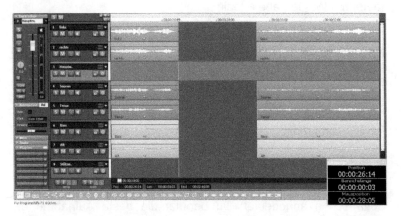

Überprüfe das Ergebnis bereits beim Arbeiten immer wieder
akustisch. So merkst du auch, ob das Timing stimmt. Ansonsten
sollte (je nach Softwareeinstellung) das eine Objekt das andere
an dieser Stelle automatisch ersetzen. Falls der Schnitt unhörbar
ist (also auch frei von Knacksern), ist die Arbeit schon erledigt.

Auch am Titelanfang und -ende wird geschnitten und alles entfernt, was nur leeres Grundrauschen ist. Achte aber dabei besonders am Ende darauf, nicht in die Hallfahne zu schneiden.

14.4. Fade und Crossfade

Durch das Schneiden entstehen unter Umständen ungewollte Probleme. So kann das plötzlich weggerissene Grundrauschen einfacher Mikros, das man sonst vielleicht gar nicht wahrnimmt, auf einmal auffallen. Oder aber einer der gerade beschriebenen Objektübergänge knackst unangenehm. Hier kommt das Ein-, Aus- und Überblenden ins Spiel - in Fachkreisen **Fade In**, **Fade Out** und **Crossfade** genannt.

In den meisten Programmen lassen sich die Funktionen Fade In und Fade Out ganz einfach realisieren, indem im jeweiligen Objekt kleine Anfasser mit der Maus verschoben werden und aus dem senkrechten Anfangs- oder Schluss-Strich dann ein schräger wird. Die benötigte Fade-Länge setzt du am besten nach Gehör. Alles, was nicht natürlich klingt, ist im Grunde noch nicht korrekt. Achte auch hier wieder darauf, dass du vorher die Objekte aller Spuren selektierst.

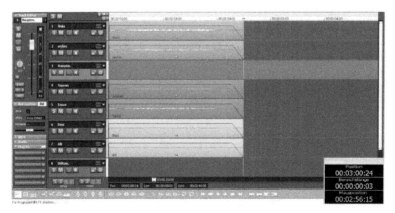

Für die Korrektur von holprigen oder knacksenden Über-gängen eignet sich der Crossfade ganz gut. Damit das Überblenden auch funktioniert, muss natürlich Material von beiden sich überlagernden Objekten vorhanden sein. Schie-be wieder die Objekte übereinander und markiere den Bereich, den du als Crossfade planst. Wie viel das ist, hängt sehr vom Material ab und auch davon, ob die Überblendung einen Knackser beseitigen soll oder ganz bewusst zwei Objekte ineinander fließen lässt. Für die Knackser-Geschichte nehme ich nahezu immer einen kurzen Bereich von wenigen Millisekunden. Das reicht im Normalfall, um den Stolperer zu eliminieren. Wenn ich dagegen an ungünstigen Stellen schneiden muss (beispiels-weise mitten im Wort), dann wähle ich Übergangszeiten von bis zu einer Sekunde. Auf diese Weise habe ich schon Einzelsilben in Chorstücken ausgetauscht. Du musst aber genau hinhören, ob durch die Überlagerung der beiden Objekte unangenehme Schwebungen entstehen.

Weitere Feineinstellungen kannst du im Crossfade-Editor vor-nehmen. Zum Beispiel ist die Formkurve der Überblendung anpassbar. Das hilft, wenn ein Crossfade mal noch zu künstlich klingt oder die Gesamtlautstärke an der Stelle einbricht oder auch zu heftig ist.

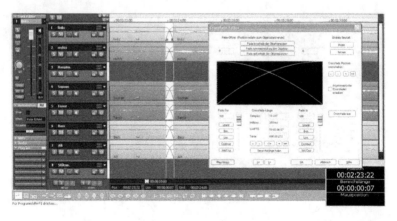

15. Mischen

Der eigentliche Mischprozess ist gar nicht mal so kompliziert. Im Grunde geht es darum, einen ausgewogenen Klang zu finden, der den Chor natürlich abbildet und dessen Live-Klang ähnelt. Dazu kümmern wir uns zunächst um die Lautstärke und das Stereo-Bild, wobei du beides eigentlich gleichzeitig regeln musst.

Bei unserem Standard-Aufbau laufen in der Software sechs Signale auf. Die Spuren des Hauptmikros könntest du in eine Stereo-Spur leiten. Ich persönlich schicke allerdings bei Chor-aufnahmen jedes Mikro in eine separate Mono-In-Spur, um für eventuelle Nachbearbeitungen auch für diese Signale unab-hängig zu sein. Für gemeinsame Regelvorgänge können diese Spuren im Mixer mit der Link-Schalfläche verbunden werden (Schaltfläche neben der 1). Die Spuren der Stützen lege ich mir so, dass sie im Mischpult von links nach rechts der Anordnung entsprechen, wie der Chor vor mir steht, also beispielsweise Sopran-Tenor-Bass-Alt auf den Spuren drei bis sechs.

15. Mischen

15.1. Pegelverhältnisse

Im Mischprozess solltest du beachten, dass das Stereo-Paar nach wie vor das Hauptmikro ist und damit auch den Hauptanteil des Gesamtklanges liefern sollte. Wenn Stützen eingesetzt wurden, dann dient deren Aufnahme hauptsächlich zur Verbesserung der Sprachverständlichkeit. (Denke nebenbei an den Ausgleich des Laufzeitunterschiedes, wie es schon im *Kapitel 5.6.* beschrieben wurde.)

Das Mischungsverhältnis der einzelnen Register über die Stützen sollte ähnlich klingen wie vom Hauptmikro. Also müsstest du die Einzelkanäle entsprechend auspegeln. Dazu solltest du die Spuren des Hauptmikros zum Vergleich immer wieder mal stumm schalten.

Natürlich ist es möglich, eine Stimmgruppe, die vielleicht etwas unterbesetzt ist, mit den Stützen mehr nach vorn zu holen. Aber dieser Ausgleich von Pegelunterschieden hat seine Grenzen. Zu große Unterschiede sind nicht korrigierbar, da dann die Homogenität sowohl der überbetonten Stimmgruppe als auch des gesamten Chores leidet.

Unerfahrene neigen dazu, die Hauptstimme (beispielsweise bei einem homophonen Satz die höchste Stimme) übermäßig zu betonen. Eigentlich ist das gar nicht notwendig, da im Normalfall die Komposition schon das richtige Mischungsverhältnis vorgibt und außerdem die höchste Stimme sowieso als Hauptstimme wahrgenommen wird.

Es gibt einen weiteren Fehler, der unbewusst unterlaufen kann: Wenn du selbst in dem aufgenommenen Chor singst, besteht die Gefahr, dass du die eigene Stimmgruppe zu laut einstellst, da du diesen Klang durch deinen Platz im Chor so gewöhnt bist. In diesem Fall solltest du eine weitere Person das Mischungsverhältnis anhören lassen, zum Beispiel den Chorleiter.

Zur Unterstützung folgt hier als Beispiel eine der möglichen Vorgehensweisen. Ich würde dabei davon ausgehen, dass die Einstellungen zum Panorama bereits eingerichtet wurden:

> *Lasse den Pegel der Gesamtsumme in der Mastersektion zunächst auf 0 dB.*
> *Stelle die Regler des Hauptmikros auf einen Wert zwischen 0 und -5 dB (hängt davon ab, ob im Ausgangsmaterial noch Aussteuerreserve ist - wenn nicht, dann solltest du unter die 0 dB gehen).*
> *Schalte die Hauptspuren stumm.*
> *Finde ein Mischungsverhältnis der Stützspuren, welches dem Klang der Hauptspuren ähnelt. Vergleiche dies durch wechselseitiges Anhören.*
> *Richte einen Submix-Bus zumindest für die Stützen ein [siehe Kapitel 11.3.].*
> *Mische über den Submix-Bus die Summe der Stützen vorsichtig zu den Hauptspuren dazu. In den meisten Fällen wird die Lautstärke so gefahren, dass die Stützen nicht bewusst hörbar sind, aber deren Fehlen auffallen würde, was du durch Stummschalten überprüfen kannst.*
> *Korrigiere den Pegel der Gesamtsumme für den Fall, dass es Pegelspitzen gibt, die die Grenze von 0 dB überschreiten.*

15.2. Panorama

Wenn du nicht gerade mit MS-Stereofonie arbeitest *[siehe Kapitel 5.3.]*, sieht die Standard-Einstellung für das **Hauptmikro** eigentlich so aus, dass die beiden zuständigen Panorama-Regler auf Links- bzw. Rechtsanschlag gedreht werden. Damit erhältst du den Stereo-Klang, der durch das verwendete Aufnahme-Verfahren vordefiniert ist. (Sind die Spuren mit der Link-Schaltfläche verbunden, fahren die Panorama-Regler automatisch in entgegengesetzte Richtungen.)

Im Anschluss musst du die Panoramaeinstellungen der **Stützmikros** an die Position anpassen, die sich im Stereo-Bild des Hauptmikros ergibt - die Register müssen also in beiden Mikrofonsystemen aus der gleichen Richtung klingen. Um dies auszutesten, brauchst du Referenzmaterial. Entweder hast du eine Aufnahme, wo jedes Register mal solistisch zu hören ist. Oder du nimmst halt von jeder Stimmgruppe einen kurzen Solopart auf *[siehe Kapitel 13.3.].*

Ich gehe davon aus, dass das erwähnte Material auf den Spuren anliegt. Für das Festlegen der Panorama-Positionen musst du nun das Signal der Hauptmikros mit jeweils einem Stützmikro vergleichen:

➢ *Schalte die drei Stütz-Spuren, die du gerade nicht benötigst, stumm.*

➢ *Schalte auch die Hauptspuren stumm und schalte sie außerdem auf Solo.*

➢ *Mit wiederholtem Klick auf den Solo-Button kannst du nun zwischen den Hauptspuren und der Stütz-spur direkt hin und her schalten.*

➢ *Die Einstellung des Stütz-Panoramas nimmst du so vor, dass beim Umschalten der Gesang aus der gleichen Richtung kommt. Hierfür ist ausnahmsweise das Abhören über Kopfhörer recht sinnvoll.*

➢ *Als zweite Möglichkeit kannst du auch über den Richtungsmesser gehen [siehe Kapitel 12.2.]. Der zentrale Strich sollte bei beiden Mikrofonierungen an der gleichen Stelle sitzen.*

➢ *Verfahre dann identisch für die anderen Kanäle, so dass sich bei dir eine Einstellung ergibt, wie sie beispielhaft auf der Abbildung am Anfang des Kapitels zu sehen ist.*

➢ *Zur Rückkontrolle solltest du die Hauptspuren und die gesamten Stützspuren im Wechsel hören. Mal abgesehen vom unterschiedlichen Grundklang, der auf die verschiedenartige Mikrofonierung zurück-zuführen ist, sollte das Stereobild annähernd gleich sein.*

16. Allgemeines zu Effekten

Choraufnahmen oder klassische Aufnahmen allgemein leben von ihrer Natürlichkeit. Deshalb machen auch Neueinsteiger häufig instinktiv einen Bogen um alles, was nach „elektronischer Manipulation" aussieht. Einerseits ist dies sicher richtig, denn alles, was letztlich dann auch elektronisch klingt, wollen wir nicht auf unserer Aufnahme haben. Auf der anderen Seite gibt es aber einige Nachbearbeitungsschritte, die auch im eher klassischen Bereich zum Standard geworden sind, ohne dass man dies alles heraushört. Auf jeden Fall musst du dich mit dem Equalizer beschäftigen, der eher ein Filter als ein Effekt ist *[siehe Kapitel 17]*. Aber auch der Kompressor *[siehe Kapitel 18]* und diverse Hallarten *[siehe Kapitel 19]* spielen eine durchaus wichtige Rolle.

Spätestens in der Effektabteilung sind wir an einer Stelle an-gekommen, wo es im Grunde gar keine Universalrezepte geben kann. Klar - es existieren viele Erfahrungswerte und es haben sich im Laufe der Technikentwicklung bestimmte Einsatzzwecke für jeden einzelnen Effekt als „normal" herauskristallisiert. Deshalb werde ich neben der obligatorischen Erklärung zur Funktionsweise in den anschließenden drei Kapiteln zumindest versuchen, dir ein paar von den oben erwähnten Erfahrungs-werten zu vermitteln, wobei du die Vorschläge zur Einstellung verschiedener Parameter eben auch als solche sehen solltest und sie je nach Aufnahme an deine Vorstellungen anpasst.

Eine Warnung muss ich an dieser Stelle auch noch loswerden: Du solltest es dir nicht zur Angewohnheit machen, all das, was im Aufnahme- und Mischprozess nicht gelungen ist, mit einer Effekt-Orgie zu überdecken. Nur allzu gern ertrinken manche amateur-haft gemischten Titel in einer Hallsuppe, die verschiedene Unzulänglichkeiten ausmerzen soll. Das Problem ist dann, dass das Gesamtergebnis eigentlich nicht mehr anhörbar ist. Wir wollen also mit unseren Effekten veredeln und nicht retuschieren! Schauen wir mal, wie das am besten funktioniert.

16.1. Signalverarbeitung innerhalb des Effektes

Für das Klangergebnis ist es bei vielen Effekt-Typen durchaus entscheidend, wie die am Eingang anliegenden Signale **intern** verarbeitet werden. Bei Geräte-Hardware sollte die Bedienungs-anleitung darüber Auskunft geben bzw. eigentlich bereits vor dem Kauf die Parameter-Übersicht. Im Falle der Software-Module hast du es als Anwender meist etwas schwerer, wenn du konkretere Angaben über die Signalführung suchst. Meist hilft dann nur wieder ausprobieren.

Damit du überhaupt weißt, was ich mit interner Signalverarbeitung meine, findest du nachfolgend ein paar typische Varianten:

Der einfachste Fall ist dieser: Du sendest ein Mono-Signal (zum  Beispiel vom Stützmikro einer Stimmgruppe) in den Effekt und erhältst am Ende wieder ein Mono-Signal. Abgesehen vom Verhältnis von wet und dry hast du an anderen Mischungsverhält-nissen eigentlich gar nichts weiter einzustellen. Im Software-Bereich ist diese Variante nicht sehr häufig vertreten.

Aus einem Mono-Signal kann aber auch ein Stereo-Signal  werden. Diverse Hall-Arten liefern häufig ein Stereo-Signal, selbst wenn ein Mono-Signal zugeführt wur-de. Für unseren Mono-Sound der Stützen ist das ungünstig, da das Klangbild vermatscht wird und die präzise Ortbarkeit der Stimmgruppen ebenfalls leidet. Solche Hall-Arten solltest du also vermeiden.

Auch beim Zuführen von Stereo-Signalen (zum Beispiel des

Hauptmikros) gibt es wieder verschiedene Arten der Signalverarbeitung. Bei einfachen Effektgeräten werden die beiden Eingänge intern zu einer Mono-Summe gemischt und dann mit einem Stereo-Effekt versehen. Im schlechtesten Fall bekommst du sogar nur ein Mono-Ergebnis (nicht abgebildet). Diese Variante scheidet für Choraufnahmen komplett aus, da sie das Stereo-Bild, welches wir durch genaue Mikrofonierung aufgefangen haben, komplett unterwandert und zerstört.

Bei den meisten Stereo-Effekten wird eigentlich so gearbeitet,

dass das zugeführte Stereo-Signal auch als solches verarbeitet wird. Vor allem Hall-Effekte wirken so am natürlichsten, denn ein gewisser Hall-Anteil des linken Kanals landet auch im rechten Kanal und umgekehrt. Bei den meisten Software-Modulen kannst du von dieser Variante ausgehen.

Eine letzte Möglichkeit ist, dass beide Kanäle getrennt verarbeitet

werden, als wären es zwei separate Mono-Effektgeräte. Das macht zum Beispiel für manche Bearbeitungen im Bereich der Dynamik durchaus Sinn. Außerdem kannst du so ein Gerät im Notfall wirklich wie zwei einzelne Effektgeräte betreiben - manchmal sogar mit unterschiedlichen Effekt-Typen.

16.2. Signalführung

Bis hier haben wir nur betrachtet, was innerhalb des Effektes passiert. Ebenso wichtig für das, was man Signalführung nennt, ist aber auch alles drum herum. Ganz gleich, ob softwarebasiert oder mit anfassbaren Geräten - du musst die Effektbearbeitung immer als einen Gesamtprozess betrachten.

Oftmals von Einsteigern übersehen wird die Wichtigkeit der **Effektreihenfolge**. So ist es zum Beispiel ein Unterschied, ob ich ein Signal erst komprimiere und dann mit Hall versehe oder halt umgekehrt. Vertausche ich die Reihenfolge, wird die dann schon vorhandene Hallfahne durch den Kompressor je nach Einstellung angehoben. Auch bei der Kombination von Kompressor und Equalizer musst du aufpassen. Hebst du zum Beispiel bestimmte Frequenzbänder an, wirken sich diese eventuell verstärkt auf das Ansprechverhalten des Kompressors aus. Umgekehrt aber kannst du dir durch einen nachgeschalteten Equalizer auch Pegelspitzen schaffen, die der Kompressor schon fast beseitigt hatte. Andere Kombinationen (zum Beispiel Equalizer und Hall) sind dagegen relativ unkritisch, was die Reihenfolge angeht. Wie die Beispiele zeigen, kommt es also immer auf den Einsatzzweck an. Dementsprechend musst du dir also immer wieder vor Augen führen, was die einzelnen Effekte bewirken und wie sie arbeiten.

Als weitere Variable der Signalführung spielt auch eine Rolle, an welcher **Stelle des Bearbeitungsprozesses** du den Effekt anwendest. Beispielsweise ist es ein Unterschied, ob du einen Effekt auf eine Einzelspur schickst oder eine Summenbearbeitung vornimmst. Nehmen wir als Beispiel mal den Hall: Falls du diesen überhaupt in der Summe anwendest, wirst du damit eher den Klangraum, also die Grundatmosphäre schaffen. In den Einzel-tracks dagegen setzt du dann (wenn überhaupt) eher speziellen Hall ein. Aber Achtung - nur weil du vielleicht 200 Hall-Presets in deiner Software gefunden hast, musst du sie nicht gnadenlos abfeuern, jeden Track mit einem anderen Hall-Charakter belegen und das Ganze noch von Titel zu Titel variieren. Weniger ist hier oftmals mehr. Übrigens ist das oben erwähnte Schaffen einer Grundatmosphäre häufig sogar in den Einzelspuren besser aufgehoben, da dann der jeweilige Effektanteil separat geregelt werden kann.

In unserer Software haben wir im Normalfall vier Möglichkeiten, um mit Effekten zu arbeiten.

Von Einsteigern wird häufig übersehen, dass bereits **Einzelobjekte**, die in den Spuren sitzen, mit Effekten versehen werden können. Damit hast du natürlich sehr direkten Zugriff auf das Soundmaterial - wenn es notwendig ist, dann eben auch sehr kleinschrittig im Bereich von Einzelsilben oder -tönen. Diese Art der Effekteinbindung ist bei Choraufnahmen eher für Korrekturen geeignet, wenn zum Beispiel ein einzelner Ton nur noch etwas

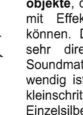

nachgestimmt werden muss. Das macht zwar mehr Arbeit, ist aber bei bestimmten Korrekturen oder speziellen Effekten halt auch eine flexible Lösung. Zu finden ist diese Funktion in den meisten Programmen im Objekteditor, den du direkt über das Spurfenster erreichst. Erwähnen muss ich natürlich auch den Nachteil dieser Variante. Da der Effekt direkt mit dem jeweiligen Objekt verknüpft ist, hast du über die Mischpultsteuerung keinen direkten Zugriff auf die Effekteinstellungen. Wenn du also im weiteren Mischprozess merkst, dass da noch etwas nachgeregelt werden muss, ist dann immer der Umweg über den Objekteditor notwendig.

Die drei nachfolgenden Varianten kann man schon eher als Standard-Situationen bezeichnen, zumal diese Effekteinbindungen der Arbeitsweise entsprechen, die man auch bei Hardware-Effekten über Jahrzehnte angewendet hat.

Für die Beschreibung der **Insert-Effekte** gehen wir zunächst mal vom Hardware-Mischpult aus. Der Sound durchläuft den Kanalzug von oben nach unten *[siehe Kapitel 11.1.]*. Wenn ich nun einen Kompressor in Form eines externen Gerätes für diesen Sound verwenden möchte, muss ich also das Musikmaterial aus dem Mischpult herausführen, durch den Kompressor schicken und wieder zum Mischpult leiten. Dazu wird der Signalfluss einfach unterbrochen. Bei einfachen Mischpulten passiert dies durch ein Y-Insertkabel. Das ist ein Kabel mit einem Stereo-Klinkenstecker auf der einen Seite und zwei Mono-Klinkensteckern auf der anderen. Beim Einstecken des Kabels wird der Kanalzug aufgetrennt und der Sound zum Kompressor geschickt sowie das bearbeitete Signal über das gleiche Kabel wieder zurückgeleitet. In unserer Software passiert im Grunde nichts anderes. Der Signalfluss wird unterbrochen, der Sound läuft durch das ausgewählte PlugIn und dann wieder zurück in den Kanalzug. Das funktioniert natürlich auch mit mehreren Effekten hintereinander, wobei du wieder auf eine sinnvolle Reihenfolge achten solltest *[siehe oben]*.

Geeignet ist diese Methode der Einbindung für alle Effekte, die mit dem vollen Signal versorgt werden müssen. An vorderster Stelle stehen dabei die Dynamikeffekte *[siehe Kapitel 18]*, denn diese sind in ihrer Arbeitsweise ja von der Lautstärke des Materials abhängig. Aber auch ein zusätzlicher Equalizer *[siehe Kapitel 17]* oder die Korrektur-Effekte *[siehe Kapitel 20]* werden auf diese Weise angesteuert.

Etwas anders funktionieren die Zumisch- oder **Send-Effekte**. Hier wird das Soundmaterial aus dem Kanalzug abgezweigt, ohne diesen zu unterbrechen (Send/ Aux). Für den Zweck als Effektweg erfolgt das Abzweigen normalerweise **postfader**. Das bedeutet, dass der Hauptregler des Kanalzuges auch den Anteil mit steuert, der auf den Effektweg geschickt wird. Zusätzlich kannst du aber separat über den Aux-Regler eine grundsätzliche

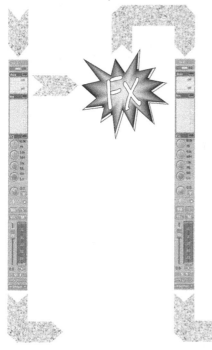

Einstellung festlegen. Das Signal wird nun durch den entsprechenden Effekt geführt und schließlich parallel als neues Material wieder ins Mischpult geleitet (Return). Bei früheren (vor allem einfachen) Hardware-Mischpulten gab es pro Return nur einen einfachen Lautstärke-Regler. Da man aber auch den Effektanteil meist noch verfeinern möchte (zum Beispiel mit dem Equalizer), haben viele Tonleute den Rückweg einfach in einen normalen Kanal geführt. Heute und vor allem im Softwarebereich unterscheiden sich die Returns im Grunde nicht mehr von normalen Spur-Kanälen.

Diese vor allem für Hall genutzte Variante eröffnet dir natürlich auch die Möglichkeit, das Material mehrerer Spuren in unterschiedlichen Anteilen durch den gleichen Effekt zu schicken. Die Standardsituation wäre das schon erwähnte Schaffen und Designen des Atmosphären-Halls. Wichtig für dich ist, dass du bei mehreren Sends und Returns den Überblick behältst, welche Signale auf welchen Wegen laufen.

Letztlich hast du auch noch die Möglichkeit, die Gesamtsumme in der Mastersektion mit Effekten zu versehen. Häufig sind schon einige Standard-Effekte vorgesehen, die du nur aktivieren und einstellen musst - zusätzliche PlugIns gehen aber ebenso. Wenn überhaupt, dann kommen hier meist Multiband-Kompressoren, Limiter oder manchmal auch vorsichtiger Hall zum Einsatz.

17. Equalizer

Von Neulingen der Branche wird der Equalizer (kurz EQ) häufig schlicht als eine Klangreglung verstanden, die halt etwas komfortabler als beim Kofferradio ausfällt. Dass der Equalizer aber auch eine Klang**formung**skomponente ist, wird leider meist übersehen. Im Grunde haben wir es mit einem mehrbandigen **Filter** zu tun, mit dem wir direkt in den Frequenzgang unseres Sounds eingreifen können. Wir korrigieren, formen und designen unseren Chorklang. **Damit ist der Equalizer unsere wichtigste Bearbeitungskomponente auf dem Weg zu einem fertigen Klangprodukt!!!** Mache dir das stets bewusst!

Es kommt natürlich sehr auf das Ausgangsmaterial an, auf welche Art und Weise der Equalizer eingreifen soll. Vor allem ist der vorhandene Frequenzgang ausschlaggebend. Dieser wird nun nach Bedarf angepasst, das heißt, es werden Frequenzen betont, abgesenkt oder ganz weggeschnitten.

17.1. Allgemeine Funktionsweise

Vor allem durch Wegreduzieren kannst du dein Klangbild schön aufräumen und Matsch vermeiden. Quasi als Standard solltest du dir angewöhnen, den unteren Frequenzbereich durch einen **Low Cut** zu bereinigen. Du schneidest also den unteren Bereich weg. Wenn du nicht sicher bist, dann solltest du die jeweilige Spur auf Solo schalten und den weggeschnittenen Bereich immer weiter nach oben verschieben, bis du merkst, dass du in den Sound eingreifst. Auch ein A/B-Vergleich ist sinnvoll. Dazu musst du nur auf Bypass klicken, schon hörst du die Spur ohne den EQ.

Neben dem Low Cut gibt es auch einen **High Cut** zur Bereinigung des Höhenbereiches. Für den Chorbereich ist der High Cut kaum relevant. Ich beschreibe ihn aber trotzdem, damit du nicht aus Versehen einen riesigen Fehler begehst. Insgesamt muss man beim Umgang mit dem High Cut vorsichtig sein, denn viele Sounds haben weit oberhalb ihrer eigentlichen Tonhöhe eine ganze Reihe Frequenzanteile, die du nicht einfach killen solltest. Die meisten Klänge leben von ihren Obertönen und verlieren ohne diese jeglichen Glanz. Deshalb verwendet man den High Cut eigentlich mehr, um eventuelle Störfrequenzen und zu penetrante Höhen zu verhindern.

Wenn wir gerade von **Störfrequenzen** reden - die gibt es natürlich auch mitten im Frequenzgang. Hier schlägt dann die große Stunde der fortgeschrittenen EQ-Arbeit. Zunächst musst du den störenden Bereich erst einmal ausfindig machen. Dazu brauchst du eine Technik namens **Filter-Sweeping** und dein Gehör. Zuerst hebst du einen schmalen Frequenzbereich stark an und verschiebst ihn dann von tief nach hoch, bis dir eine Tonhöhe störend bis unangenehm erscheint. Meist handelt es sich um Resonanzen (zum Beispiel des Raumes), die sich durch das Anheben penetrant verstärken können. Jetzt musst du an dieser Stelle anstatt anzuheben einfach nur absenken, dann sollte sich die Störfrequenz erledigt haben. Manchmal hilft es auch, bei der doppelten Frequenz zusätzlich etwas abzusenken. In jedem Fall muss das Absenken aber schmal erfolgen, um nicht andere wichtige Frequenzanteile zu gefährden.

Jetzt haben wir die ganze Zeit vom Absenken gesprochen, aber der Equalizer kann natürlich auch Frequenzen verstärken. Allerdings solltest du wissen, dass jeder Equalizer (je nach Qualität) den Sound auch verfälscht und damit im Vergleich mit anderen Equalizern einen Eigenklang besitzt. Dies passiert im Wesentlichen durch Phasenverschiebungen, die den Gesamtsound überlagern. Bei den meisten Equalizern wirkt sich dieses Phänomen beim Anheben mehr aus als beim Absenken. Deshalb findest du in vielen Quellen die Faustregel, dass Absenken immer besser ist als Anheben. Das hat gleichzeitig den Nebeneffekt, dass du Übersteuerungen des Kanalzuges vermeidest, die du dir ansonsten durch starkes Anheben schnell einhandelst. Wissen solltest du aber auch noch Folgendes: Der Equalizer ist keine Wunderwaffe! Frequenzen, die nicht da sind, kannst du auch nicht anheben.

Mal abgesehen von Spezial-Equalizern gibt es zwei Grundtypen. Den **grafischen Equalizer** kennst du vielleicht von etwas besseren HiFi-Anlagen, wo man anstatt einer einfachen Klang-regelung Zugriff auf einzelne festgelegte Frequenzbänder hat. Im Profibereich ist der grafische Equalizer überwiegend im Bereich der Beschallung zu Hause. Er wird für Korrekturzwecke ver-wendet, um den Klang an den entsprechenden Saal anzupassen.

Im Studio dagegen kommt der **parametrische Equalizer** zum Einsatz. Je nach Ausstattungsvariante gibt es neben den äußeren (also ganz tiefen und hohen) Bändern einen oder mehrere mittlere Bereiche, die von der Frequenz her variabel einstellbar sind. Bei Software-EQs sind auch die Außenbänder normaler-weise variabel.

Auf der nachfolgenden Abbildung siehst du einen Equalizer, bei dem insgesamt vier Frequenzbereiche zur Verfügung stehen. In jedem davon findest du die drei Hauptparameter der Equalizer-Welt: Mit der **Frequenz** (in Hz) stellst du den Arbeitsbereich ein; **Gain** (in dB) regelt die Stärke der Filterwirkung. Als dritten Parameter gibt es den sogenannten **Q-Faktor**. Dieser gibt an, wie breit die Wirkung des Eingreifens ausfällt. Auch hier gibt es (abgesehen von Spezialanwendungen) eine Faustregel: Anheben sollte breit erfolgen, Absenken dagegen schmal.

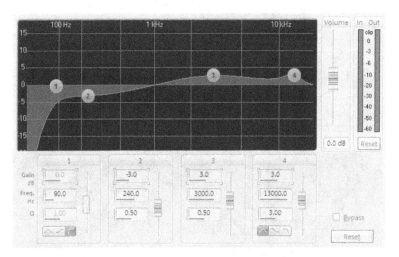

Neben den drei genannten Parametern gibt es weitere Einstell-
möglichkeiten. So kannst du für jedes Band die Filtercharak-
teristik festlegen. In Fachkreisen spricht man beim Low Cut und
High Cut auch von der **Kuhschwanz-Charakteristik** (Shelving).
Beim „normalen" Filter findest du dagegen die **Glocken-
Charakteristik** (Bell). Angelehnt sind diese ziemlich blöden
Bezeichnungen an das Aussehen der Filterkurve. Bei manchen
Equalizern ist auch noch die **Flankensteilheit** einstellbar. Diese
gibt in Dezibel pro Oktave an, wie stark die Reduzierung ausfällt,
also beispielsweise 6 dB Unterschied bei zwei Tönen, die eine
Oktave auseinander liegen.

17.2. Einsatz bei Chor-Aufnahmen

Die Stimme und auch der Chorklang sind individuelle Sachen.
Deshalb sind die nachfolgenden Angaben natürlich etwas
pauschalisiert, um dir wenigstens einige Anhaltspunkte zu geben.

*Kümmern wir uns zunächst wieder um das **Hauptmikro**.
Hier geht es um den Gesamtklang des Chores. Wenn
nicht gerade „zu billig klingende" Mikros verwendet*

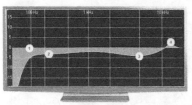

*wurden, sollte sich der Einsatz
des Equalizers in Grenzen
halten. Die Equalizer-Kurve
könnte so aussehen, wie auf
der nebenstehenden Abbil-
dung. Stärker würde ich nicht
eingreifen. (Ich gehe davon*
*aus, dass Stützmikros verwendet wurden und diese für die
Textverständlichkeit zuständig sind.)*

Für die **Stützmikros** gehen wir etwas anders vor, denn hier ist direktere Präsenz gefragt.

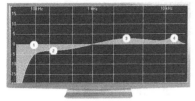

*Bei den **Männerstimmen** kannst du den Low Cut bei ungefähr 90 Hz ansetzen. Je nach Titel ist beim Tenor auch eine höhere Frequenz bis 130 Hz möglich. Um etwas Dröhnen aus dem Klang rauszunehmen, wird gern um 240 Hz etwas abgesenkt. Für die Textverständlichkeit sind die Frequenzen zwischen 1 und 6 kHz zuständig. Probiere aus, wo für deine Aufnahme der beste Ansatzpunkt ist, und hebe 2 bis 4 dB breit an. Für mehr klangliche Transparenz, Präsenz und letztlich auch Durchsetzungsfähigkeit sorgt eine weitere Anhebung im Bereich 12 bis 15 kHz.*

*Bei den **Frauenstimmen** gehst du im Grunde analog vor. Durch den anderen „Arbeitsbereich" der weiblichen Stimmen verlagern sich nur die angesprochenen Bereiche ein wenig. So ist der Low Cut hier erst ab 130 Hz zu empfehlen und kann beim Sopran auch wieder noch höher angesetzt werden. Der Bereich der Textverständlichkeit liegt im Vergleich zur Männerstimme ebenfalls meistens ein Stückchen höher.*

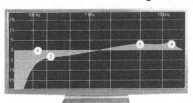

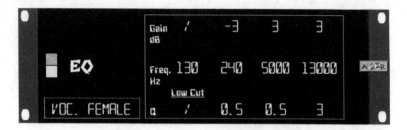

Noch nicht mit erwähnt wurde der Bereich zwischen 7000 Hz und 11000 Hz. Hier liegen die Zischlaute. Falls die Stützmikros relativ dicht an den Sängern dran waren, ist eventuell eine Nachbereitung nötig, was dann quasi auf eine Reduzierung hinausläuft. Hierfür eignet sich aber ein dezent eingesetzter De-Esser eigentlich besser als der Equalizer *[siehe Kapitel 20.1.].*

18. Kompressor und Limiter

Mit dem Einsatz des Kompressors kommen wir nun zu einem teilweise heiklen Thema. Der Kompressor ist das wohl wichtigste Werkzeug für den Dynamikbereich. Man kann mit ihm eine Menge erreichen, aber auch jede Menge kaputt machen! Den Begriff Kompressor kennen Laien vielleicht eher vom Auto her, wo man mit eben solch einem Gerät die Reifen mit Luft betanken kann. Im Grunde ist dieses Beispiel aber gar nicht so schlecht. Ich drücke praktisch die Luft zusammen, damit in meinen Reifen mit seinem vorgegebenen Volumen mehr Pressluft reinpasst, als dies mit „Normaldruckluft" möglich wäre. Auf die Musik angewendet: Die Lautstärkeunterschiede werden verringert - man drückt also die Dynamik zusammen und kann dann den Gesamtpegel erhöhen, ohne über die Aussteuergrenze zu schießen, was vor allem im Digitalbereich nicht passieren darf! Insgesamt erhöht sich durch den gerade beschriebenen Vorgang die **Lautheit** des Signals - also die empfundene Lautstärke *[siehe Kapitel 12.1.]*. Im Grunde ist der Kompressor nichts anderes als eine Lautstärkeregelung, die automatisiert auf das Musikmaterial reagiert. Das Ganze passiert auf der Basis der eingestellten Parameter mit einer Reaktionszeit, mit der kein noch so erfahrener Tontechniker arbeiten könnte.

18.1. Allgemeine Funktionsweise

Den richtigen Umgang mit Kompressoren erlernst du nicht von heute auf morgen. Literatur zu diesem Thema gibt es zwar ausreichend, aber du wirst merken, dass die Meinungen zu diversen Anwendungen und Einstellungen doch auseinander gehen. Du musst hier sicher auch zahlreiche Selbstversuche durchführen, um wenigstens einigermaßen ein Gespür für die jeweils richtige Kombination der Einstellparameter zu bekommen. Wie bei anderen Bearbeitungskomponenten gibt es häufig auch beim Kompressor einige voreingestellte Presets. Wenn du bei deinem Kompressor etwas findest, was in Richtung Gruppengesang geht, dann wähle dies aus und passe die Voreinstellungen dann deinen Vorstellungen an. Dafür findest du im Normalfall folgende Standard-Parameter:

➤ Mit dem **Threshold**-Regler stellst du ein, ab welcher Pegelschwelle der Kompressor zu arbeiten anfängt.

➤ **Ratio** gibt an, wie das Änderungs-Verhältnis von Eingangs- und Ausgangslautstärke aussieht. Zum Beispiel bedeutet die Einstellung 3:1, dass eine Änderung der Eingangslautstärke um 15 dB nur eine Änderung von 5 dB am Ausgang bewirkt.

➤ Mit **Attack** und **Release** beeinflusst du, wie schnell der Kompressor das Signal herunterregelt bzw. wieder freigibt, nachdem der Threshold-Wert über- bzw. unterschritten wurde.

➤ Zusätzlich findest du häufig noch Regler für die Eingangs- und Ausgangslautstärke zur Pegelangleichung.

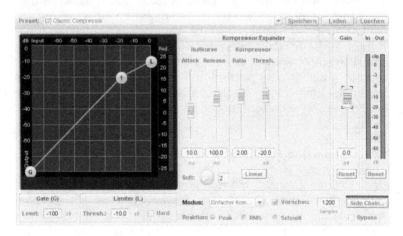

Mehr als bei anderen Bearbeitungsgeräten oder PlugIns kommt es beim Kompressor auf das richtige Zusammenspiel der Einzelparameter an. Wenn es auch noch so viele Einstellmöglichkeiten und mindestens ebenso viele Meinungen dazu gibt, so haben sich im Laufe der Zeit ein paar Richtwerte herauskristallisiert, die du für den Anfang als Anhaltspunkt nehmen kannst. Für den **Ratio**-Wert könnte man pauschal erst einmal sagen: 2 ist wenig

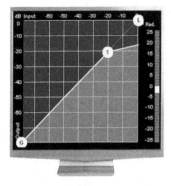

und ab 5 ist schon relativ viel. Alles dazwischen bezeichne ich einfach mal als „normal". Die Einstellung des **Threshold**-Reglers ist sehr von der Grundlautstärke und der Klangdichte des Musikmaterials abhängig. Für eine durchschnittliche Dynamikreduktion wird er so eingestellt, dass sich am Ende eine Gain Reduction von 3 bis 6 dB ergibt. Dieser Reduzierungswert sollte dir in deinem PlugIn eigentlich irgendwo angezeigt werden. Im Endeffekt müsste sich bei durchschnittlichen Einstellungen in deiner Software eine ähnliche Kurve ergeben, wie sie auf der Abbildung zu sehen ist. (Rechts neben der Grafik siehst du übrigens die dB-Skala mit dem Negativwert für die Gain Reduction.)

Neben Ratio und Threshold müssen wir uns auch noch um Attack und Release kümmern. Mit dem **Attack**-Wert bestimmen wir zunächst, wie lange der Kompressor braucht, bis er nach dem Überschreiten der Threshold-Schwelle eingreift. Umgekehrt bestimmt der **Release**-Wert das Aussteigen des Kompressors, wenn das Klangmaterial wieder leiser wird. Dieser Wert ist häufig wesentlich größer als der Attack-Wert und liegt meist im Bereich der fünf- bis zwanzigfachen Attack-Zeit.

Neben den Einzelspuren kann natürlich auch in der Summe ein Kompressor verwendet werden. Gern wird hier der **Multiband-kompressor** genutzt, da er selektiv auf mehrere Frequenzbänder zugreift und das Material optimaler anpackt. Andererseits ist die Gefahr der Verfremdung geringer, was gerade bei klassischer Musik eine große Rolle spielt.

Beim Multibandkompressor ist die Anzahl der Einstell-Parameter natürlich wesentlich größer und demzufolge auch der zu betreibende Aufwand. Allerdings lohnt sich dieser auch, denn die erreichten Ergebnisse kann man mit einem einbandigen Kompressor nie erzielen. Als neuer Parameter kommt hier die **Trennfrequenz** hinzu, denn der Multibandkompressor teilt das

Frequenz-Spektrum in mehrere Bereiche und bearbeitet diese dann separat mit je einem Kompressor. Für den Anfang solltest du dich auf die vorgegebenen Trennfrequenzen verlassen. Mit ein wenig Erfahrung kannst du später natürlich auch daran herumschrauben.

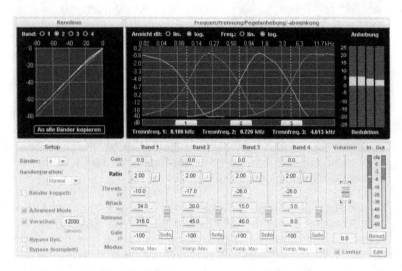

Falls du schon mal etwas vom **Lautheitskrieg** (Loudness War) gehört haben solltest, möchte ich dazu folgendes sagen: Im Prinzip versucht ja jeder, eine Musik zu machen, die durchsetzungsfähig ist und auch im Auto den Motor und die Fahrgeräusche übertönt oder eben in der Küche den Mixer sowie den bratzelnden Braten nebst Abzugshaube. Das ist ja alles gut und schön. Leider führte der Trend vor allem in den 1990ern und auch danach dazu, dass jeder die Konkurrenz mit einem noch lauteren Mix übertrumpfen wollte. Lauter bedeutet hier wieder Lautheit, denn an der Lautstärke kann man ja nichts machen - da ist bei 0 dB einfach Schluss. Deshalb wurde also immer stärker komprimiert, so dass teilweise nur noch ein Unterschied zwischen leisester und lautester Stelle von ein bis zwei Dezibel übrig blieb. Das ist klanglich unnatürlich und auf Dauer nur langweilig und nicht die Spur lebendig - von musikalischem Gefühl mal ganz zu schweigen! Solch eine Überkompression macht bei wenigen Stilrichtungen der modernen Unterhaltungsmusik vielleicht Sinn, aber als Universalmittel halte ich das Ganze für zweifelhaft und für den Bereich der Chormusik eigentlich für völlig fehl am Platze. Wozu arbeitet der Chor sonst an seiner sängerischen Dynamik, wenn wir sie mit der Technik dann platt machen? Zum Glück geht der heutige Trend dazu, der Dynamik wieder mehr Raum zu geben. Es gibt sogar Bestrebungen, auf Tonträgern zu kennzeichnen, wie groß der Dynamikumfang (Dynamic Range) der Produktion ist. Für Chormusik dürfen das gern rund 20 dB sein. Achte immer darauf, wie viel Gefühl eine Musik vermitteln soll. Nutze dein eigenes Gefühl und dein Gehör, aber schaue auch auf messbare Größen *[siehe Kapitel 12]*.

Kurz noch einige Anmerkungen zum **Limiter**. Dieser arbeitet ähnlich wie ein Kompressor, nur dass er beim Überschreiten der Threshold-Schwelle jede weitere Lautstärkezunahme komplett abschneidet. Es ist also ein Pegelbegrenzer, der eigentlich weniger als Effekt, sondern mehr mit Schutzfunktion eingesetzt wird.

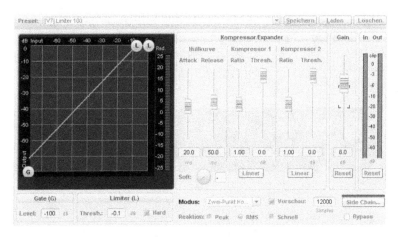

Hinter den Kompressor gehört in die Summenschiene fast schon als Standard ein Limiter, der eigentlich weniger eine gestalterische Aufgabe hat, sondern eher den rein technischen Zweck erfüllt, das Signal nicht über die Vollaussteuerung von 0 dB zu jagen. Dort schneidet dann der Limiter die Spitzen, die eventuell auch durch die Kombination aus Kompressor und Pegelanhebung entstanden sind, einfach ab.

18.2. Einsatz bei Chor-Aufnahmen

Noch mehr als beim Equalizer im letzten Kapitel ist der Kompressoreinsatz vom Ausgangmaterial abhängig. Ich gebe dir ein paar Durchschnittswerte für Attack, Release und Ratio an. Außerdem findest du einen Wert, der ungefähr als Gain Reduction am Ende rauskommen sollte. Dazu musst du nach den erfolgten Grobeinstellungen deine Regler feinjustieren und entsprechend an dein Musikmaterial anpassen. Das betrifft dann vor allem den Threshold-Regler, für den ich keinen Wert angeben kann, da er vor allem von der Grundlautstärke des Ausgangs-materials abhängt.

Wenn du Chormusik komprimierst, kannst du den Attack-Wert meist relativ kurz wählen. Mit Ratio würde ich nicht ganz so drastisch rangehen und auch die resultierende Gain Reduction sollte moderater ausfallen. Insbesondere bei eher klassisch klingenden Chorstimmen musst du behutsam vorgehen, um die natürliche Dynamik nicht plattzu-machen.

Kompr.	Attack ms	Release ms	Ratio	Gain Reduct. dB
CHOIR	1	50	3:1	-4

19. Hall

Einer der wichtigsten und am meisten verwendeten Effekte dürfte wohl der **Hall** sein - im Fachjargon Reverb genannt. Er kann als auffälliger Effekt oder auch als nur unbewusst wahrgenommener Raumklang eingesetzt werden - und natürlich mit allen dazwischen liegenden Nuancen.

19.1. Allgemeine Funktionsweise

Der richtige Umgang mit verschiedenen Hall-Parametern ist entscheidend für den Endklang. Anfänger neigen gern dazu, die vielen neu entdeckten schicken Halleffekte wild durcheinander und meist auch zu übertrieben einzusetzen, so dass die Musik am Ende in einer Reverb-Orgie ertrinkt. Damit dir das nicht auch passiert, gehe ich bei diesem Effekt mal etwas mehr ins Detail und mache zunächst einen Ausflug in den Bereich der Raumakustik, denn der Hall ist im Gegensatz zu vielen anderen Effekten etwas, was so auch als natürliches Phänomen vorkommt. (Falls du dich damit schon auskennst, kannst du die nächsten zwei Seiten überspringen.)

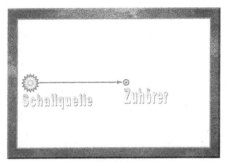

Der **Nachhall** ist eine der wichtigsten Kenngrößen der Raumakustik. Damit beschreibt man die Reflexion von Schallwellen in einem in sich geschlossenen Klangraum, also im Prinzip den Schallanteil, der außer der eigentlichen Klangquelle noch zu hören ist. Mit anderen Worten: Wir hören einerseits den Direktschall *[siehe Abbildung]*, der uns auf geradem Weg von der Schallquelle erreicht. Zusätzlich hören wir aber auch die Schallanteile, die von der Schallquelle zu den Wänden geworfen werden und uns auf Umwegen erreichen. Es ist klar, dass

Raumgröße, Raumform, Wandmaterialien und Einrichtung über das Klangergebnis entscheiden, welches aus der Summe aus direktem Schall und Nachhall besteht.

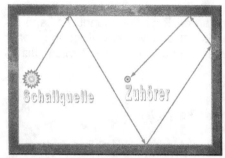

Wie schon erwähnt wurde, geht es beim Nachhall um den indirekten Schall, dessen zeitliche Ausdehnung mit dem Begriff **Nachhallzeit** beschrieben wird. Man geht hier von der einfachen Tatsache aus, dass der Schall auf seinem Weg durch den luftgefüllten Schallraum und durch das wiederholte Auftreffen auf verschiedene Materialien an Energie verliert und damit also leiser wird. Die Nachhallzeit beschreibt nun den Zeitraum, in welchem der Schalldruckpegel ausgehend von seiner Entstehung an der Schallquelle um 60 dB abnimmt. Da die Dezibel-Skala nicht linear ist, bedeutet eine Abnahme um 60 dB eine Reduzierung des Schalldruckes auf ein Tausendstel seines Anfangswertes. Angegeben wird die Nachhallzeit in Sekunden oder Millisekunden. Allgemein kann man sagen, dass die Nachhallzeit umso größer ist, je größer der Schallraum ist und je reflektierender die Oberflächenmaterialien gestaltet wurden.

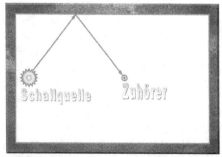

Bis hierhin wurden lediglich zwei Komponenten eines Schallereignisses erläutert, nämlich der Direktschall von der Schallquelle und der Nachhall. Es fehlt noch die dritte Komponente, die eigentlich zwischen den beiden schon beschriebenen liegt. Gemeint sind die sogenannten **Erstreflexionen** oder auch Early Reflexions. Damit werden die ersten ein bis drei Reflexionen beschrieben, die von den Wänden, der Decke und dem Boden zurückgeworfen werden und dann den

Zuhörer treffen. Alle anderen Reflexionen bilden den Nachhall. Nichtfachleuten ist es oft ein Rätsel, warum man diese ersten drei Reflexionen von den restlichen getrennt betrachtet. Hier geht es in den Bereich der Psychoakustik, denn das Gehirn ist in der Lage, die einzelnen Laufzeiten der eintreffenden Schallsignale in Wegstrecken umzurechnen. Mit anderen Worten - es wird die Größe des Klangraumes berechnet und wir empfinden entsprechend eine angenehme oder halt auch unangepasste Akustik.

Für eine gute Sprachverständlichkeit bzw. ein detailliertes Klangbild ist ein gewisser zeitlicher Abstand zwischen dem Direktschall und den Erstreflexionen nötig. Sitzt ein Zuhörer relativ dicht an der Schallquelle, ist das auf jeden Fall gegeben. Bei größerer Entfernung treffen allerdings die Erstreflexionen fast zeitgleich mit dem Direktschall ein, was den Gesamtklang undurchsichtiger macht. Dieser Effekt verstärkt sich, wenn der Raum eine große Nachhallzeit aufweist, da dann auch noch ein Teil der Erstreflexionen in der sogenannten Hallfahne untergeht. Als Beispiel brauchst du dir nur eine große Kirche vorzustellen, in welcher du in der letzten Bankreihe sitzt und versuchst, die im Altarbereich gesprochenen Worte deutlich zu verstehen.

Bestimmte Hallräume erzeugen eine bestimmte **Hallcharakteristik**. Gemeint ist damit das hörbare Ergebnis aus allen bis hierher beschriebenen theoretischen Kenngrößen. Beeinflusst durch Raumgröße, Raumform, Wand-, Decken- und Bodenmaterialien, Inventar, Zuhörerzahl und den Abstand zur Schallquelle ergeben sich in einem realen Raum entsprechende Hallparameter:

> Lautstärke der Erstreflexionen und des Nachhalls (leise bis laut)
> Dichte der Erstreflexionen und des Nachhalls (dünn, diffus, dicht)
> Dauer des Nachhalls (kurz bis lang oder konkretere Zeitangaben)
> zeitlicher Abstand zwischen Direktschall und Erstreflexionen (klar bis verschwommen)

Die meisten Tonproduktionen finden in fast hallfreien Studios statt. Der Grund dafür ist, dass ein Nachhall, der einmal in einer Aufnahme enthalten ist, kaum noch entfernt werden kann. So geht man meist den umgekehrten Weg, das heißt, man versieht relativ trockene Aufnahmen nachträglich mit künstlichem Nachhall. Das hat den Vorteil, dass man verschiedene Hallcharakteristiken ausprobieren und das Ergebnis immer wieder noch verändern kann. Insgesamt betrachtet gibt es bei der Verwendung eines künstlichen Nachhalls zwei verschiedene Ziele: Entweder versucht man, den Hallcharakter eines bestimmten Raumes zu simulieren oder man erzeugt bewusst einen Halleffekt, der so in der Natur nicht vorkommt.

Wenn man mal von den mechanischen Varianten wie Hallplatte und Federhall sowie auch akustisch eingerichteten Hallräumen absieht, hat man es im heimischen Studio heute eigentlich mit zwei Hallverfahren zu tun. Zum einen spricht man schlicht vom **Digitalhall**, der quasi über verschiedene Rechenmodelle und Algorithmen diverse Hallräume berechnen kann.

Typische Einstellparameter sind dabei die **Hallzeit** (Decay/ Time), die **Erstreflexionen** (Early Reflections) und das **Mischungsverhältnis** von Hall (Wet) und Direktsignal (Dry). Aufwändiger gestaltete Geräte könnte man eher als **Raumsimulator** bezeichnen, denn bei ihnen kann man beispielsweise auch festlegen, wie lang, breit und hoch der gedachte Raum wäre (Size) und welche Beschaffenheit die Wände hätten. Mit solchen Parametern wird dann quasi der Hallcharakter verändert. Häufig findet man auch noch ein **Pre-Delay**, mit dem man die Verzögerungszeit bis zum Einsatz der Hallfahne einstellen kann, sowie einen Regler für die **Halldichte** (Diffusion/ Density). Um in den Frequenzgang eingreifen zu können, werden oft einfache bis komfortable **Klangreglungen** integriert (Equalizer).

Während es den Digitalhall im Hard- und Software-Bereich gibt, ist der **Faltungshall** eher in der Software-Schiene zu Hause. Grundlage sind hier sogenannte **Impulsantworten** von den unterschiedlichsten Klangräumen. Es wurde also im Vorfeld ein bestimmtes Impulsgeräusch in den entsprechenden Räumen abgespielt und der entstehende Gesamtklang aufgenommen. Der Rest läuft dann wie eine mathematische Verhältnisgleichung: Die Software kennt das trockene und das verhallte Testsignal sowie unsere Choraufnahme, welche verarbeitet werden soll. Es wird dann quasi berechnet, wie unser Chor in dem besagten Raum geklungen hätte. Auch wenn das kompliziert klingt und unter der Oberfläche sicher auch ist, so sind diese Hall-PlugIns für den Einsteiger manchmal die bessere Wahl, da sich die einzustellenden Parameter in Grenzen halten. Auf jeden Fall solltest du dir die Zeit nehmen und die vorhandenen Hallräume durchhören, um die Möglichkeiten der eigenen Software auch zu kennen.

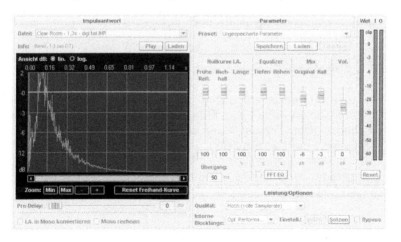

Für beide Arten von Effektgeräten oder deren Software-umsetzungen wird von der Herstellerseite meist ein gewisses Ordnungsprinzip angeboten, in welchem die Presets in bestimmten Hall-Kategorien vorliegen. Einige davon, die für den Chorbereich relevant sind, sollen hier stellvertretend genannt werden. Auch wenn es da durchaus begriffliche Unterschiede gibt, findest du sicherlich folgende oder ähnliche Hallarten wieder:

> **Concert Halls** - Säle unterschiedlicher Dimension und Klangeigenschaft
> **Rooms** - kleine bis mittlere Räume/ der legendäre „Bürohall" ist unter anderem wichtig für Gesamt-mischungen *[siehe Kapitel 19.2.]*
> **Ambience** - erzeugt räumliche Tiefe ohne dicke Hallfahne
> **Church/ Cathedral** - Kirchen unterschiedlicher Dimension und Klangeigenschaft

Hall kann ein Klangbild wunderschön abrunden und dabei auch kleinere Makel überdecken. Ist das nicht bequem? Na klar, und gerade deshalb solltest du im Mischprozess nie zu früh den Hall dazugeben und lieber den Rohsound erst einmal entwickeln!!! Allgemein gilt, dass das Hinzufügen von Hall eher an das Ende der Bearbeitungskette gehört. Außerdem muss ich wie zu Anfang des Kapitels noch einmal vor übermäßigem Reverb-Gebrauch warnen, denn kein anderer Effekt ist dermaßen gut geeignet, ein Klangbild so richtig zuzumatschen!

19.2. Einsatz bei Chor-Aufnahmen

Ein paar Hinweise in Bezug auf die Hall-Verwendung bei Choraufnahmen habe ich gerade schon gegeben. Jetzt müssten wir wieder etwas konkreter werden. Das ist aber gar nicht mal so leicht, denn die Geschmäcker gehen in diesem Bereich bereits unter Fachleuten auseinander. Woran soll sich dann erst der Studiostarter orientieren? Deshalb versuche ich es mal mit einigen pauschalen Aussagen, Tipps und Denkanstößen:

➢ Choraufnahmen finden selten im Tonstudio statt. Demzufolge hast du es mit einem **Raum mit einer vorgegebenen Akustik** zu tun *[siehe Kapitel 3]*. Nimm diese Akustik am besten mit auf *[siehe Kapitel 5.7.]* und entscheide im Mischprozess, ob der Raumklang brauchbar ist.

➢ Wenn du dich für künstlichen Hall entscheidest, ist es schon sehr Geschmackssache, welche **Hallcharakteristik** du verwendest. Berate dich dazu auch beispielsweise mit dem Chorleiter, indem du ihm mehrere Varianten vorstellst.

➢ Bei einem Tonträger solltest du **für alle Titel den gleichen Hallcharakter** verwenden. Maximal bei Promo-Aufnahmen kann man auch mal eine Unterscheidung zwischen kirchlicher und weltlicher Chorliteratur treffen und mit zwei verschiedenen Hallarten arbeiten.

➢ Durchsuche die **Presets** nach einem Hallprogramm, welches deinen Vorstellungen schon recht nahe kommt.

➢ Nimm dann das **Finetuning** vor: Achte zum Beispiel darauf, dass die **Hallzeit** nicht zu lang ist. Passe das **Pre-Delay** der Hallzeit an. Für kürzere Hallzeiten kann sich der Einsteiger an folgender Faustregel orientieren: Hallzeit in Sekunden x 10 ergibt in Millisekunden die Pre-Delay-Zeit.

➢ Stelle das **Lautstärkeverhältnis zwischen Effekt und Originalsignal** so ein, dass der Hall gerade so hörbar ist.

Damit es für dich noch etwas leichter wird, stelle ich dir einfach mal ein Beispiel aus meiner Praxis vor.

Aufgenommen wurde ein Chor mit circa 25 Leuten in einem kleinen Saal, dessen Akustik schön klar war, aber nicht zu Hallzwecken taugte. Der Chor stand in der klassischen Aufstellung S-A-T-B *[siehe Kapitel 4.2.]* und wurde mit Hauptmikrofon in AB-Anordnung *[siehe Kapitel 5.3.]* und vier Stützen vor den Stimmgruppen aufgezeichnet. In der Mixeransicht erkennst du, dass ich auf Kanal 1 und 2 das Hauptmikro habe mit dem zugehörigen Submix-Bus auf der 3 *[siehe Kapitel 11.3.]*. Die Kanäle 4 bis 7 sind die Stützen mit wiederum einem Submix-Bus auf Kanal 8.

Die Stützmikros waren für die Verbesserung der Sprachverständlichkeit zuständig und wurden dem Signal des Hauptmikros nur leicht beigemischt. Aus diesem Grund habe ich diese Spuren nicht mit zusätzlichem Hall versehen. Auf dem Submix-Bus des Hauptmikros liegt ein Hall-PlugIn mit Faltungshall. In diesem Fall habe ich die Impulsantwort des Konzerthauses Wien genutzt (findet man im Internet). Bis auf das Einstellen der Lautstärke des verhallten Signals habe ich alle anderen Regler des PlugIns in Ruhe gelassen. Wichtig ist, dass du bei dieser Konfiguration das Summensignal zur Beurteilung des Hallpegels anhörst, da ja das trockene Signal der Stützen noch hinzukommt.

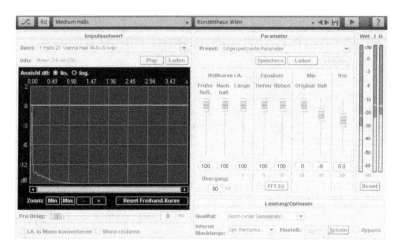

In der Mastersektion *[siehe Kapitel 11.2.]* habe ich zusätzlich einen Bürohall aktiviert, der vorsichtig mit beigemischt wird. Dieser Hall wird nicht bewusst wahrgenommen, aber er hilft, das Klangbild abzurunden, indem er die einzelnen Signale miteinander „verklebt". Alternativ könnte man diesen Hall auch als Send-Effekt einsetzen, um die Anteile der Spuren separat zu beeinflussen *[siehe Kapitel 16.2.]*.

20. Weitere Bearbeitungsmöglichkeiten

Im Prinzip sind bis hier die wichtigsten Dinge beschrieben, die du für die Nachbearbeitung wissen musst. Es gibt aber einerseits immer mal Dinge, wo zusätzliche Schrauberei notwendig wird. Andererseits musst du von deinen Mehrspurprojekten vielleicht noch zur fertigen CD gelangen. Zu beiden Bereichen möchte ich mich kurz äußern. Vorher muss ich aber auch noch eine Warnung loswerden. Du hast sicher bemerkt, dass wir einige Bereiche deiner Software gar nicht berührt haben. Da wir aber eine Choraufnahme veredeln wollen, geht es letztlich um Natürlichkeit und Authentizität, wozu nicht der ganze virtuelle Gerätepark aufgefahren werden sollte. Deshalb heißt es auch: Finger weg beispielsweise von Flanger, Phaser oder Chorus (auch wenn das Wort nach Chor klingt).

20.1. De-Esser

Auf der Abbildung auf *Seite 144* kannst du in den Kanälen der

Stützmikros erkennen, dass ich dort als PlugIn einen De-Esser einge- setzt habe. Dieser ist im Wesentlichen dazu da, zu laute Zischlaute zu reduzieren, welche gerade bei näherer Mikrofonierung als störend empfunden werden könnten. Dies betrifft vor allem scharfe S-Laute, die auch zum Namen des Korrekturwerkzeugs geführt haben. Rein technisch handelt es sich um einen Kompressor, der auf der entsprechenden Frequenz arbeitet. Einzustellen hast du meist nicht sehr viel - bei den einfachsten De-Essern sogar nur die Stärke des Eingreifens.

Wichtig für die Arbeit mit dem De-Esser ist, dass du immer im Vergleich hörst. Also schalte öfter mal um auf **Bypass**. Fast noch sinnvoller ist aber auch das Kontrollieren der Anteile, die du entfernst, um Beeinträchtigungen des Nutzsignals aufzuspüren. Dazu gibt es die Funktion **Invers** oder **Listen**.

20.2. Störgeräuschbeseitigung

Wenn du mal Aufnahmen eines anderen Aufnahmeleiters bearbeitest, der vielleicht nicht so sorgfältig arbeitet, wie du das nach diesem Buch tun solltest, dann kann es dir passieren, dass du zum Beispiel Störgeräusche auf der Aufnahme hast. Da die Produktion im Normalfall nicht wiederholbar ist, bleibt nur die Entscheidung, ob du mit den vielleicht minimalen Makeln leben kannst oder ob ein Eingreifen notwendig wird.

Im Prinzip können es ganz verschiedene Problemfälle mit ebenso vielen unterschiedlichen Ursachen sein, mit denen du es zu tun hast. Wenn beispielsweise „schlechte" Mikrofontechnik benutzt wurde, hast du eventuell einen schönen Rauschteppich unter der Aufnahme liegen. Das beste Mittel dagegen ist der **De-Noiser**. Seine Arbeitsweise sieht so aus, dass zunächst eine Klangprobe (Sample) des separaten Störgeräusches geladen wird. Dieses wird dann aus der eigentlichen Audio-Datei herausgerechnet. Für den Fall, dass du das Störgeräusch nicht separieren kannst, sind häufig einige Standards bereits als Sample hinterlegt, also zum Beispiel das Rauschen verschiedener Tonbänder oder auch Netzbrummen. Besser wird das Ergebnis aber immer mit einem eigenen Sample. Schaue mal direkt am Anfang oder am Ende der Aufnahme. Manchmal hast du aber auch mitten im Titel eine Generalpause, wo du dir das Sample herholen kannst.

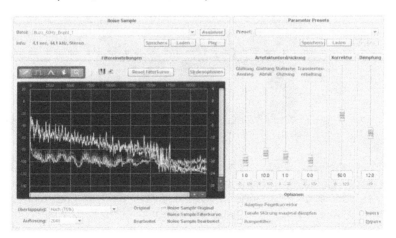

20. Weitere Bearbeitungsmöglichkeiten

Für den Fall, dass zum Beispiel durch zu geringen Aufnahme-
pegel das Rauschen sehr dominant ist und demzufolge ein
stärkeres Eingreifen notwendig wird, musst du genau hinhören,
da du dir nämlich als Nebenprodukt der Bearbeitung ganz schnell
sogenannte **Artefakte** einhandeln kannst. Das sind hochfrequen-
te Geräusche, die einen metallisch-zwitschernden Charakter
haben. Und die sind auf jeden Fall schlimmer als das gleich-
mäßige Hintergrundrauschen!

Manchmal kann auch ein technischer Fehler die Ursache für
Nebengeräusche sein. So produzieren „fast defekte" Kabel,
schlechte Steckverbindungen und sogar atmosphärische Störungen schon mal Knack- und Bratzelgeräusche. Auch lautes
Schmatzen einzelner Sänger durch überdeutliche Aussprache
kann störend sein. Um dies in den Griff zu bekommen, habe ich
gute Erfahrung mit dem **De-Clicker** und dem **De-Crackler**
gemacht, die beide sonst hauptsächlich zur Bearbeitung alter
Plattenaufnahmen verwendet werden. Mit dem De-Clicker kannst
du Knackser entfernen; der De-Crackler dagegen beseitigt gleich-
mäßige Knisterteppiche. Bei beiden Werkzeugen kannst du einstellen, wie empfindlich diese reagieren sollen und wie stark dann
die Dämpfung ausfällt. Denke beim Einpegeln unbedingt an das
inverse Probehören, damit du nicht zu viel Nutzsignal verlierst.

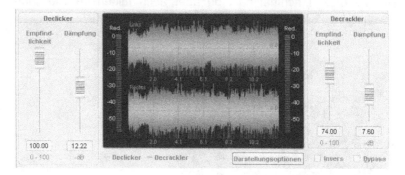

So schön wie Live-Mitschnitte sein können, so werden sie in der
Nachbearbeitung manchmal zum echten Härtefall und verlangen
viel Geduld. Die Nebengeräusche sind sehr vielfältig und reichen
vom Publikumshuster über Handyklingeln bis hin zu Kleinkind-
Ningelei. Aber auch bei Aufnahmen unter Produktionsbedin-

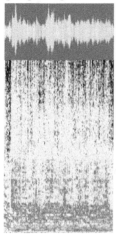

gungen gibt es durchaus mal Nebengeräusche, die nicht vermeidbar waren *[siehe Kapitel 3.4.]*. Und wie das so ist, passiert so etwas natürlich gerade in dem Durchlauf, der sängerisch perfekt war. Manche dieser Probleme lassen sich fast zu 100% beheben, andere wiederum fast gar nicht. Die besten Ergebnisse habe ich in solchen Fällen mit dem **Spektralmodus** erzielt. Wenn du den Störfaktor akustisch ausgemacht hast, versuchst du, ihn optisch in der Spektraldarstellung zu entdecken. Wie in einem Grafikprogramm wird dann dieses Areal markiert und die Software probiert, die Störung herauszurechnen. Auf diese Weise habe ich mal einen kompletten Konzertmitschnitt bearbeitet. Die Aufnahme war eigentlich sehr schön. Sie krankte nur daran, dass man, sobald der Chor leiser als mezzoforte wurde, das Sekundenticken der Kirchturmuhr hörte. Du kannst dir vorstellen, wie viele Ticker ich aus einer fast einstündigen Aufnahme jeweils einzeln entfernt habe. *[Das zweite Hörbeispiel auf www.andy-j.de stammt aus dieser Aufnahme.]*

Allgemein muss ich anmerken, dass mit Ausnahme der Live-Aufnahme eine geschickte Schnitt-Technik *[siehe Kapitel 14.3.]* und das damit verbundene Crossfade *[siehe Kapitel 14.4.]* eigentlich immer besser ist, als das Klangmaterial selbst zu bearbeiten, da es auch mit heutigen technischen Mitteln eine verlustfreie Bereinigung nicht gibt! Trainiere also deine Schnitt-Technik und wende sie bis ins Kleinste an.

20.3. Nochmal Panorama

In manchen Fällen ist man nachträglich mit der Auflösung des Panoramas nicht recht zufrieden, was beispielsweise an der verfälschenden Wiedergabe des Kopfhörers liegt, den man bei der Aufnahme benutzt hat *[siehe Kapitel 8.3.]*. Schuld kann aber auch ein zu enger Abstand der Stützmikros zueinander mit dem damit verbunden Übersprechen sein *[siehe Kapitel 5.6.].*

 Dadurch liegen die Stimm-gruppen jetzt vielleicht enger zusammen und mischen sich mehr, als es beabsichtigt war. Abhilfe schafft hier zum Beispiel das kleine Tool TB Omnisone, von dem es zumindest ältere Versionen auch kostenlos gibt. Damit ist es möglich, das Pano-rama breiter zu ziehen, als die Lautsprecher stehen. Da es sich hier um einen psychoakustischen Trick handelt, solltest du diesen Effekt aber nicht überstrapazieren.

20.4. Trackbouncing

Wenn dann wirklich alle Arbeitsschritte vollzogen wurden und ein Titel sozusagen fertig geschnitten und gemischt ist, wird am Ende daraus eine einzelne wav-Datei erzeugt. Das Trackbouncing fasst alle Bearbeitungen, also Schnitte, Crossfades und alle Mixer-Einstellungen einschließlich der Effekte zusammen. Im Normalfall sind die Programme so eingerichtet, dass sie dabei gewisse **Standards** einhalten *[siehe Kapitel 10.1., 10.3. und 14.1.].* Aber du solltest ruhig überprüfen, ob diese Einstellungen auch wirklich stimmen. Zumindest, wenn das Ziel eine CD-Produktion sein soll, dann ist die Einhaltung dieser Werte ein Muss:

➢ Samplerate: 44100 Hz
➢ Bitbreite: 16 Bit

Wenn du nun mit 24 oder 32 Bit aufgenommen und gemischt hast, ist beim Trackbouncing eine Konvertierung notwendig, die (im Normalfall zu unhörbaren) Klangeinbußen durch die niedri-gere Auflösung führt. Hörbar kann das Ganze bei sehr geringem Pegel werden, beispielsweise beim Ausklingen der Hallfahne am Ende des Titels. Aus diesem Grund wird (meist automatisch) dem Signal ein geringpegeliges Rauschen zugemischt, was als **Dithering** bezeichnet wird. Damit wird für das Empfinden des menschlichen Ohres die Klangeinbuße stark abgemildert. Falls du in deiner Software dazu Auswahlmöglichkeiten findest, solltest du bei Choraufnahmen den Modus „Dithering mit dreieckförmig verteiltem Rauschen" wählen, da dieser relativ dezent arbeitet. (Um der Frage vorzubeugen - ja, es ist trotzdem klanglich besser, in höherer Bitrate zu mischen und dann zu dithern, anstatt gleich nur mit 16 Bit zu arbeiten.)

Es ist eine Frage der Gewohnheit, ob du Titelanfang und -ende gleich bei der neu entstandenen Datei bereinigst oder ob das dann erst beim Zusammenstellen der eventuellen CD passiert. Gemeint ist damit, dass zunächst das überflüssige Material abgeschnitten wird. Insbesondere am Titelende musst du natürlich aufpassen, dass du nicht in die Hallfahne schneidest. Falls es erforderlich ist, kann ein kurzer Fade Out das Ende des Halls noch weicher gestalten *[siehe Kapitel 14.4.]*. ACHTUNG: Wenn du an der entstandenen wav-Datei arbeitest, dann passiert das direkt an der Datei auf der Festplatte und nicht wie bisher virtuell. Aber selbst wenn die Rückgängig-Funktion versagen sollte, kannst du einfach noch mal ein Trackbouncing machen und die Datei neu erzeugen.

20.5. Mastern

Das Mastering ist im Grunde der Endschliff, welcher dem Summen-Mix verpasst wird. Gleichzeitig werden die Titel auf die jeweilige Art der Veröffentlichung vorbereitet. Daraus ergeben sich folgende Dinge, die zu erledigen sind:

> ➤ Die **Lautstärke** und die **Lautheit** müssen für jeden Titel separat aber auch im Gesamtkontext angepasst werden.
> ➤ Mit einem guten Equalizer wird der **Soundcharakter** der Titel aneinander angeglichen und es werden mögliche **Klangprobleme** korrigiert.
> ➤ **Anfang** und **Schluss** eines jeden Titels werden genau geschnitten oder geblendet, wenn dies noch nicht beim Trackbouncing erledigt wurde.

Damit vor allem die Arbeit an der Lautstärke und der Lautheit optimal laufen kann, solltest du beim Mischen noch nicht ein Übermaß an Kompression angelegt haben. Damit hättest du dem Mastering sonst eine Menge Möglichkeiten genommen!

Es stellt sich für den Amateurbereich immer wieder die Frage, ob man denn das Mastering nicht selbst übernehmen kann. Auch wenn es sicher kostengünstiger ist, so birgt es doch eine Reihe von Gefahren. Einerseits brauchst du eine Menge Studioerfahrung, die ein Neueinsteiger nun mal nicht mitbringt. Auch das Equipment sollte sehr hochwertig sein, was ebenfalls ein Problem darstellen könnte. Als drittes wäre zu nennen, dass dir der neutrale Abstand zum Material fehlt, wenn du es selbst aufgenommen und gemischt hast. Vorhandene Fehler nimmst du vielleicht gar nicht mehr wahr.

Auf der anderen Seite soll aber eventuell gar keine Produktion entstehen, die mal im großen Maßstab auf Tonträger landet, womit ein gutes Aufwand-Nutzen-Verhältnis natürlich eher fraglich ist. Wenn du dich also aus diesem oder anderen Gründen dazu entschließt, selber zu mastern, dann solltest du zumindest einige Dinge beachten:

> Versuche, einen **zeitlichen Abstand** zwischen die Produktion und das Mastering zu bekommen.
> Beziehe **neutrale Mithörer** ein.
> Benutze spezielle **Mastering-PlugIns**, die es inzwischen zu moderaten Preisen gibt.
> Beschäftige dich intensiv mit dem **Metering** und wende es konsequent an *[siehe Kapitel 12]*.
> Nutze zum Vergleich einige **Referenztitel** des gleichen Stils.

Falls die Produktion insgesamt hochwertiger sein soll oder du einfach Schwierigkeiten hast, die oben genannten fünf Dinge unter einen Hut zu bekommen, solltest du vielleicht doch lieber Fachleute ranlassen. Und wenn diese nichts dagegen haben, kannst du ja vielleicht beim Mastering dabei sein und dazulernen.

Übrigens gibt es Mastering-Engineers, die neben der Summe auch gern auf **Stems** zurückgreifen. Das sind Submixe *[siehe Kapittel 11.3.]*, die die Mischung auf wenige Spuren zusammenfassen; in unserem Falle also beispielsweise das Hauptmikro und die Stützen. Es liegen somit nicht mehr alle Einzeltracks separat vor, aber es ist noch nicht die Endsumme. Die dann von dir anzufertigenden Stems ermöglichen es, die Lautstärkeverhältnisse beim Mastering noch in gewissen Grenzen anzupassen.

Im Falle einer CD-Produktion ist dann der wirklich letzte Schritt das Zusammenstellen des Tonträgers aus den vorliegenden Einzeltiteln. In diesem Zusammenhang werden auch die Pausen eingearbeitet. In den meisten Fällen ist die Software auf eine **Pausenzeit** von zwei Sekunden eingestellt. Für Choraufnahmen habe ich die Erfahrung gemacht, dass ein wenig mehr als angenehmer und nicht so gehetzt empfunden wird (bei meinen Chor-CDs immer vier Sekunden). Entweder setzt deine Software die **Marker** für Titelanfang und Pause automatisch oder du musst das von Hand erledigen. Bei Sonderfällen ist aber in jedem Fall das manuelle Setzen angesagt, zum Beispiel wenn zwei Titel ineinander übergehen und somit die Pause entfällt, aber ein neuer Startmarker gesetzt werden muss. Das Setzen der Marker ist an sich relativ einfach. Zunächst stellst du deinen Abspielbalken an die gewünschte Stelle. Danach musst du je nach Programm nur über eine Tastenkombination, einen Button oder einen Menüpunkt den Marker setzen.

Noch ein letztes Wort zur **Titelreihenfolge**. Bei einer CD mit 20 Titeln gibt es rein rechnerisch viele Möglichkeiten des Titelablaufs. Nicht jede davon ist aber sinnvoll. Zunächst sollte ein repräsentativer Opener da sein, also ein Titel, der den Hörer dazu veranlasst, die CD auch weiter zu hören. Auch für den letzten Titel sollte man sich nicht gerade ein eher belangloses Stück auswählen. Tja, und dazwischen gehört ein Spannungsbogen, der den Hörer bei Laune hält. Es ist also unclever, zu viele Titel der gleichen Machart hintereinander zu setzen. Auch im Bereich der Lautstärke sollte es Abwechslung geben. Was häufig übersehen wird, ist die Grundtonart der einzelnen Titel. Auch da macht es sich nicht gut, wenn zu viele Titel der gleichen Tonart nacheinander folgen. Dies kann ebenfalls eintönig wirken, obwohl es die Titel vielleicht gar nicht sind. Aber es wird manchmal auch als eigenartig empfunden, wenn man Titel aufeinander folgen lässt, die von den Tonarten her nicht zusammen passen. Dies betrifft vor allem den Abstand eines Halbtones nach oben oder unten, und auch der Tritonus-Abstand ist nicht so günstig. Wenn du nun alle diese Parameter beachten möchtest, weißt du, dass das Zusammenstellen der Reihenfolge keine Sache von fünf Minuten ist. Aber nachdem die gesamte Produktion sicher schon eine Menge Zeit verschlungen hat, sollte dieser letzte eher untechnische Schritt kein Problem sein.

Eine letzte Bemerkung möchte ich noch für den Fall machen, dass du (aus welchem Grund auch immer) eine **mp3**-Datei als Endergebnis benötigst. Du musst einfach wissen, dass es durch diverse Einstell-Parameter eine große Zahl von Unterfomaten gibt. Die Kunst an der Geschichte ist, ein Format zu wählen, welches zu einem möglichst verlustfreien Ergebnis führt. Gute Erfahrungen habe ich in dem Zusammenhang mit dem LameDLL-Encoder gemacht. Dieser ist in verschiedenen Konverterprogrammen zu finden. Setze bei den Parametern auf jeden Fall das Häkchen bei VBR. Damit passt der Encoder die verwendete Bitrate automatisch an das Material an. Du gibst dafür lediglich die Grenzen an (zum Beispiel zwischen 96.000 und 192.000). Wenn deine Ursprungsdatei ordentlich geklungen hat, sollte das auch bei der konvertierten Datei so sein.

- - -

Damit sind wir also am Ende unserer Reise durch die Welt der Choraufnahme. Ich hoffe, dir mit dem einen oder anderen Tipp geholfen zu haben und wünsche dir wohlklingende Ergebnisse.

21. Buchempfehlungen

Im Laufe des Buches habe ich immer wieder auf andere von mir geschriebene Literatur hingewiesen. Neben dieser möchte ich aber auch die Bücher anderer Autoren empfehlen, die sich teilweise sehr spezialisiert auf einige Teilgebiete des Studiogeschehens konzentrieren. Die nachfolgende Auflistung ist sicher nicht vollständig, aber sie zeigt dir, wo du dich je nach Kenntnisstand und eingeschlagenem Entwicklungsweg nach Aufbauwissen umschauen kannst. Vor allem der Verlag PPV Medien und der GC Carstensen Verlag haben ein umfassendes Angebot an Fachliteratur. Daneben bieten aber auch einige andere Verlage durchaus interessanten Lesestoff.

21.1. Verlag PPV Medien

Insbesondere für den Aufnahme- und Bearbeitungsbereich geschrieben und mit zahlreichen Arbeitsbeispielen versehen wurde folgendes Buch:

➤ Martin Hömberg „Recording Basics"
(978-3-932275-21-0)

Und hier noch ein paar weitere lesenswerte Werke:

➤ Norbert Pawera „Mikrofonpraxis"
(978-3-932275-54-8)
➤ Thomas Sandmann „Effekte & Dynamics"
(978-3-932275-57-9)
➤ Jan-Friedrich Conrad „Recording"
(978-3-941531-61-1)
➤ Andreas Friesecke „Metering"
(978-3-937841-57-1)

21.2. GC Carstensen Verlag

Von manchen Fachleuten der Branche werden die drei nachfolgenden (nicht ganz handlichen) Bücher quasi als Bibel der Tontechnik angesehen. Bezeichnung hin oder her - empfehlenswert sind die Werke auf jeden Fall. In einem großen Theorieteil werden viele Bereiche des Studiolebens detailreich beleuchtet. Zahlreiche Praxisbeispiele würzen das Ganze, und schließlich gibt es einen großen Interview-Teil, in welchem wirkliche Größen internationaler Tonstudios zu Wort kommen:

➤ Bobby Owsinski „Aufnehmen wie die Profis"
(978-3910098404)
➤ Bobby Owsinski „Mischen wie die Profis"
(978-3910098367)

21. Buchempfehlungen

> Bobby Owsinski „Mastern wie die Profis"
> (978-3910098398)

Und wieder noch ein paar weitere Empfehlungen:

> Frank Pieper „Das Effekte Praxisbuch"
> (978-3-910098-27-5)
> Andreas Ederhof „Das Mikrofonbuch"
> (978-3-910098-35-0)
> Hubert Henle „Das Tonstudio Handbuch"
> (978-3-910098-19-0)
> Tim Crich „Recording Tipps - das Handbuch"
> (978-3-910098-38-1)

21.3. Andere Verlage

Aus dem Verlag epubli kommt ein Buch, welches eine ganze Reihe der in meinen Büchern beschriebenen Grundlagen erwähnt und diese dann aber im Detail weiterführt. Ich kann dir dieses Lesewerk also getrost als Lektüre für Fortgeschrittene empfehlen:

> Andreas Mistele „getting pro"
> (978-3-8442-1137-5)

21.4. Eigenwerbung

Natürlich möchte ich es nicht versäumen, auch auf meine eigenen geistigen Ergüsse hinzuweisen. Im Frühjahr 2013 erschien der erste Band meiner Studio-Einsteigerlektüre:

> ➤ Raik Johne „Mein erstes Tonstudio - Band I" (978-3-8482-6397-4)

Was Neueinsteigern auf dem Weg zu einem eigenen kleinen Tonstudio an Stolperfallen begegnen könnte und wie man sie vor allem vermeidet, das soll Gegenstand dieses Buches sein. Ganz nebenbei wird natürlich versucht, die wichtigsten Eckdaten und Informationen aus dem Bereich der Tonstudiotechnik in kompakter Form zu vermitteln. Es werden Begriffe geklärt und Gerätschaften sowie Programmkomponenten näher betrachtet. Das Studio als Räumlichkeit wird in den Mittelpunkt gerückt und andererseits der Computer als zentrales Element dieses Studios beschrieben.

An vielen Stellen des ersten Bandes, der quasi als Basis-Informationsquelle dient, wird bereits Bezug genommen zum Band II, der sich dann auf die praktische Studioarbeit bezieht:

> ➤ Raik Johne „Mein erstes Tonstudio - Band II" (978-3-7357-8634-0)

Vor allem das Aufnehmen und Mischen wird in den Mittelpunkt gerückt. Konsequent werden die theoretischen Erkenntnisse des ersten Buchbandes weiterentwickelt. Aber auch ohne Band I und mit ein wenig Grundwissen zur Tontechnik kann man mit diesem Arbeitsbuch eine Menge anfangen und lernen. Es werden verschiedene Aufnahmesituationen erarbeitet und für die wichtigsten Standard-Situationen entsprechende Vorgehensweisen vorgeschlagen sowie auch einige Einstell-Möglichkeiten diverser Effekte aufgezeigt. Selbst der schon etwas Erfahrene wird den einen oder anderen Tipp finden oder einfach nur noch einmal in den kompakten und übersichtlichen Ratschlägen zur Mikrofonierung nachschlagen.

21. Buchempfehlungen

Speziell für den Neueinsteiger in die Synthesizer-Materie erschien 2010 ein Buch, welches sowohl die theoretischen Hintergründe beleuchtet als auch Anwendungsbeispiele und diverse Tricks und Kniffe liefert.

➤ Raik Johne „Keine Angst vorm Synthesizer" (978-3-7357-8041-6) - 2. überarbeitete Auflage

Eigenwerbung ist ja ganz in Ordnung - Eigenlob nicht. Deshalb lasse ich mal die Zeitschrift „Keyboards" (4/2010) zu Wort kommen:
Im BoD-Verlag (Books on Demand) ist ein Buch mit dem Titel „Keine Angst vorm Synthesizer" erschienen. Der Autor und Pädagoge Raik Johne richtet sich mit seinem Leitfaden in erster Linie an alle, die sich einen didaktisch gut aufgebauten Einstieg in die digitale Klangerzeugung und den generellen Umgang mit Synthesizern jeglicher Art wünschen. Wer sich also schon immer mal intensiver mit den Themen der digitalen oder analogen Klangerzeugung beschäftigen wollte, sollte vielleicht mal einen Blick in das Innere dieses Buches riskieren.

An vielen Stellen des vorliegenden Buches wurden bereits Hinweise auf das von mir verwendete Studio-Programm Samplitude gegeben, aus welchem auch eine Reihe von Bildschirmkopien mit freundlicher Genehmigung der Firma Magix gefertigt wurden. Im Frühjahr 2015 erschien ein Buch, welches sich speziell mit der Studiosoftware Samplitude beschäftigt:

➤ Raik Johne „Im Tonstudio mit Samplitude" (978-3-7347-6966-5)

Als Ergänzung zur Dokumentation der Samplitude-Software geht es vor allem um die Praxis. Es werden mehrere Arbeitsgebiete innerhalb des Tonstudios bedacht und geschaut, wie Samplitude dabei am besten eingesetzt werden kann. Dabei sollte das Buch nicht als Werbung für die Software angesehen werden, sondern es ist eine Ratgebersammlung von einem Anwender zum anderen.

Die Redaktion der Zeitschrift „Sound & Recording" schreibt dazu in ihrer Online-Rezension (August 2015):
Als Nutzer der ersten Stunde verfügt der Autor über eine fundierte Kenntnis des Funktionsumfangs ... und geht ... im Besonderen auf unterschiedliche Aufnahmetechniken wie das Recording von akustischen Instrumenten, E-Bass und -Gitarre, einer kompletten Band oder von elektronischen Klangerzeugern ein.

Für die nächste Zeit sind folgende Bücher geplant:

> ➢ Raik Johne „Effekte-Praxis im
>   Tonstudio"

Wer im Tonstudio arbeitet, kommt am Einsatz verschiedenster Effekte nicht vorbei. Für den sinnvollen Einsatz dieser großen Gruppe von Geräten bzw. PlugIns muss man natürlich wissen, was sie machen, wie sie funktionieren und wie sie bedient werden. Wahrscheinlich noch schwieriger ist es aber, für die jeweilige Aufnahme überhaupt zum richtigen Effekt zu greifen und sinnvolle Einstellungen zu finden. Beide Seiten, also Theorie und Praxis sollen in diesem Einsteiger-Kurs besprochen werden. Vor allem der Praxisteil wird zahlreiche Anwendungsbeispiele zu den wichtigsten Aufnahme- und Bearbeitungssituationen liefern.

> ➢ Raik Johne „Synthesizer
>   Songwriting"

Nur weil ich weiß, wie mein Herd anzuschalten ist, macht mich das noch nicht zu einem guten Koch. Und wenn man weiß, wie ein Synthesizer und seine Software-Kollegen funktionieren, ist man noch lange kein Komponist und Arrangeur. Um insbesondere den Neueinsteiger auf diesem Gebiet zu unterstützen, kehre ich nach einigen Büchern über diverse Tontechnik nun zu meinen Wurzeln im Autorenbereich zurück. Als konsequente Fortsetzung von „Keine Angst vorm Synthesizer" sollen zahlreiche praktische Tipps und Anleitungen für das Komponieren und Arrangieren mit Synthesizern, Workstations und Emulationen auf dem PC gegeben werden. Allerdings kann ich damit nur die Kreativität ankurbeln - haben muss man sie schon selber …

21. Buchempfehlungen

> Raik Johne „Sound Restaurierung"

Auf der einen Seite sind da diverse Platten mit Material, welches es nicht in digitaler Form gibt; weiterhin vielleicht Kassetten und Bänder mit Mitschnitten eigener Konzerte aus der Jugendzeit; aber eventuell sind da auch neue Aufnahmen, die zwar schlecht, aber nicht wiederholbar sind. Auf der anderen Seite existieren heute gerade im Computersektor so viele Audio-Werkzeuge, die aus schlechtem Sound zumindest anhörbare Ergebnisse zaubern können. Wenn du nun zwischen diesen beiden Seiten stehst, hast du vielleicht das Problem: Welches Werkzeug ist wofür geeignet und wie sieht die Vorgehensweise aus - insbesondere dann, wenn die Bearbeitung in mehreren Schritten erfolgen muss. Das Buch soll neben theoretischen Erklärungen vor allem praktische Hilfe bei der Restaurierung von Audio-Material sein.

www.ingramcontent.com/pod-product-compliance
Lightning Source LLC
LaVergne TN
LVHW022320060326
832902LV00020B/3575